पाने की हो चाह

तो पर्वत भी देंगे राह

पाने की हो चाह

तो पर्वत भी देंगे राह

मुकेश कुलोठिया

दीपक शर्मा

गुल्लीबाबा पब्लिशिंग हाउस प्रा. लिमिटेड

गुल्लीबाबा पब्लिशिंग हाउस प्रा. लिमिटेड

आई.एस.ओ. 9001 एवं आई.एस.ओ. 14001 प्रमाणित कं.

पंजीकृत कार्यालय: 2525/193, प्रथम तल, ओंकार नगर-ए, त्रि-नगर, दिल्ली-35

शाखा कार्यालय: 1A/2A, 20, हरि सदन, अंसारी रोड, दरियागंज, नई दिल्ली-02

दूरभाष: 09350849407, 011-27387998

E-mail: hello@gullybaba.com
Websites: GullyBaba.com

पहला संस्करण : 2019

ISBN : 978-93-88149-92-1

Copyright© 2019, Publisher

टाइपसेट और कवर डिजाइन : गुल्लीबाबा पब्लिशिंग हाउस प्राइवेट लिमिटेड, नई दिल्ली

विषय-सूची

आभार

जब हम यह पृष्ठ लिख रहे हैं तो हम स्वयं को उन महान कथाकारों का ऋणी पाते हैं जिन्होंने हमारे बचपन से लेकर आज तक हमारे घरों, स्कूलों तथा संस्थाओं तक – जहाँ भी हम रहे – कहानियाँ सुनाकर हमें आनंदित, उत्साहित व आगे बढ़ने के लिए प्रेरित किया। कई लोगों ने हमें कहानियों की सैद्धांतिक और व्यावहारिक शक्ति के बारे में बताया और सिखाया। उन सभी ज्ञात व अज्ञात प्रेरणादायक कहानी लिखने व सुनाने वालों के हम हृदय से आभारी हैं।

टोस्टमास्टर्स इंटरनेशनल में जिन लोगों ने भी हमारे जीवन को बेहतर बनाया, जो लोग भी दुनियाभर से हमारे संपर्क में आए, वे सभी हमारी ओर से विशेष धन्यवाद के पात्र हैं। टोस्टमास्टर्स ने हमारे जीवन को इतनी तरह से प्रेरित किया है जिन्हें शब्दों में व्यक्त कर पाना संभव नहीं है।

अनेक अद्वितीय सहायक मित्रों के प्रति भी हम हृदय से आभार व्यक्त करना चाहेंगे जिन्होंने श्रेष्ठ विषय सामग्री क्यूरेटर के रूप में उल्लेखनीय योगदान दिया।

प्रोफेसर हिमांशु राय हजारों लोगों की प्रेरणा के स्रोत हैं। मुझे (मुकेश) भारतीय प्रबंधन संस्थान में उनका छात्र होने का सुअवसर प्राप्त हुआ और उनके द्वारा इस पुस्तक की प्रस्तावना का लिखा जाना मेरे लिए एक स्वप्न के पूरा होने के समान है। उन्होंने न केवल इस पुस्तक की प्रस्तावना लिखी बल्कि समय-समय पर विभिन्न दृष्टियों से अपने महत्त्वपूर्ण सुझाव देकर भी हमें अनुग्रहीत किया जिससे यह रचना एक अति उत्कृष्ट कृति बन सकी।

हम गुल्लीबाबा पब्लिशिंग हाउस प्रा.लि.; विशेषकर श्री दिनेश वर्मा जी के लिए जितना भी आभार व्यक्त करें, कम है। उन्होंने हमें इस पुस्तक को सहज बनाने में अपना अप्रतिम सहयोग एवं मार्गदर्शन प्रदान किया।

हम अपने परिवारजनों के प्रति भी आभार प्रकट करते हैं जिन्होंने इस पुस्तक को वास्तविक रूप देने में हमें प्रोत्साहित किया और कई प्रकार का योगदान दिया।

हमें पूर्ण विश्वास है कि यह पुस्तक आपके जीवन को प्रभावित करते हुए उसमें सकारात्मक परिवर्तन लाएगी।

इस पुस्तक को चुनने तथा इसका पठन करने के लिए धन्यवाद। पढ़कर इसका आनंद उठाएँ। जब कभी भी और जहाँ भी हमें अवसर मिलेगा, आपसे मिलकर हमें हार्दिक प्रसन्नता होगी।

–मुकेश तथा दीपक

प्रस्तावना

कुछ ऐसी कहानियों को पढ़ना, जो जीवन की महत्त्वपूर्ण सीखों को अति सरल किंतु अत्यंत प्रभावशाली तरीके से हमारे सामने पेश कर दें; वाकई एक अद्भुत आनंद की बात है। ताश के बावन पत्तों की तरह इन बावन छोटी कहानियों में से प्रत्येक कहानी हमें जीवन की एक प्यारी सी सीख देती है। ताश के पत्तों के समान उन्हें किसी भी तरह से फेंटकर (किसी भी क्रम में कोई भी कहानी पढ़कर) हम हर बार इनसे एक नई सीख ले सकते हैं।

यह पुस्तक आपको इन कहानियों तथा उनके माध्यम से मिलने वाली सीख के द्वारा स्वयं अपने आपको परखने और अपनी क्षमताओं का एहसास कराने के लिए प्रेरित करती हैं। मेरी अपनी निजी पसंद कहानी संख्या 4 -दूरदर्शी बनो है। वाल्ट डिज़नी एंटरटेनमेंट पार्क के भूमि पूजन समारोह में, जब एक रिपोर्टर ने वाल्ट डिज़नी के भतीजे से पूछा कि "यह कितने दुःख की बात है कि आज वाल्ट डिज़नी अपने उस स्वप्न को साकार होते देख पाने के लिए जीवित नहीं है," तब उनके भतीजे ने उत्तर दिया था, "ओह! किंतु आप गलत बोल रहे हैं क्योंकि पहले तो उन्होंने ही इसे देखा था। तभी तो आज हम इसको देख पा रहे हैं।" इसका अंतर्निहित संदेश बहुत सरल और स्पष्ट है। दूर-दृष्टाओं में इतनी काबिलियत होती है कि वे उन चीजों को पहले ही देख पाते हैं जो बाद में घटित होने वाली होती है और फिर वे उन्हें फलीभूत करने का काम स्वयं ही संभाल लेते हैं। उद्देश्य और जुनून मिलकर पूरी दुनिया को बदल सकते हैं और अगर उन्हें संवेदनशीलता के साथ किया जाए तो इससे तो पूरी दुनिया ही हर हालत में बेहतर बन जाएगी।

"ज्ञान ही शक्ति है" प्राय: प्रयुक्त होने वाले इस नीतिवाक्य का गलत अर्थ निकालते हुए कुछ लोग अपने ज्ञान और सूचना के चौकीदार बन बैठते हैं और वे किसी और के साथ उसे साझा नहीं करते। ध्यान रहे, ज्ञान देने की वस्तु है, बुद्धि नहीं। शहद की मक्खियों वाली छठी कहानी हमें यही स्मरण कराती है कि हम उनका शहद तो चुरा सकते हैं किंतु उनकी वह कला वह हुनर नहीं जिसके द्वारा वे शहद बनाती हैं। बिल्कुल इसी प्रकार से बाकी लोग आपके नोट्स, उदाहरणों तथा प्रस्तुतियों का तो प्रयोग कर सकते हैं किंतु वे उसकी व्याख्या कैसे कर सकते हैं जो आपने जिया है और अनुभव किया है। अगर आप अपने ज्ञान तथा अनुभवों को औरों के साथ बाँटेंगे तो बदले में आप भी उनसे कुछ सीख पाएँगे। हम अपने आसपास के प्रत्येक व्यक्ति अथवा प्रत्येक वस्तु से कुछ न कुछ सीख सकते हैं बशर्ते कि हमारा दिल और दिमाग खुला हो। प्यार से प्यार पैदा होता है और विश्वास से विश्वास पैदा होता है। इसलिए मूलमंत्र यही है कि हम अविश्वास के घेरे से बाहर निकलकर अपने आसपास के सभी लोगों पर विश्वास करें और उन्हें भरपूर प्यार दें। यह भी संभव है कि इस प्रक्रिया में कभी-कभी हमें आहत भी होना पड़े लेकिन उससे भी हमारी मजबूती ही बढ़ेगी। आहत होने की बात करते हुए इक्त्तीसवीं कहानी हमें याद दिलाती है कि हमारी सहमति के बिना कोई भी हमें आहत नहीं कर सकता। पैंतालीसवीं कहानी इस धारणा को और अधिक पुख्ता करती है जब महात्मा बुद्ध अपने प्रति कहे गए अपशब्दों से इसलिए विचलित नहीं हुए क्योंकि उन्होंने उन शब्दों को स्वीकार न करने का मन बना लिया था।

गाँधी जी भी हमें यही स्मरण कराते हैं कि कोई भी हमारे आत्म-सम्मान को हमसे नहीं छीन सकता जब तक हम उसे ऐसा करने की अनुमति नहीं दे देते। मेरे अपने अनुभवों से मैंने भी ऐसा महसूस किया है कि लोग हमारे बारे में क्या सोचते हैं इससे हमें अधिक मतलब नहीं होना चाहिए। उन्हें उनके विचार अपने पास रखने दें और आप अपने

विचार अपने पास रखें। इसका यह अर्थ कदापि नहीं कि हमें सृजनात्मक आलोचनाओं के लिए अपने द्वार बंद कर देने चाहिए बल्कि आपको सिर्फ यह याद दिलाना है कि इन आलोचनाओं के कारण आप स्वयं को कमतर आँकना शुरू न कर दें। जीवन में आपकी तलाश स्वयं को पहचान कर उसमें निरंतर सुधार की होनी चाहिए और इस बात पर कोई आश्चर्य नहीं होना चाहिए कि बाकी लोग आपके बारे में क्या सोच रहे हैं या क्या कह रहे हैं।

कुल मिलाकर यह पुस्तक असंख्य संभावनाओं और सीखों की दुनिया के द्वार आनंददायक कहानियों के माध्यम से आपके समक्ष खोलती है। पंचतंत्र की कहानियों से लेकर जातक कथाओं और अरेबियन नाइट्स तक कहानी सुनाने की प्रवृत्ति ने सदैव हमारे जीवन पर गंभीर प्रभाव डाला है। अतः इस पुस्तक की एक प्रति हासिल करके किसी भी पृष्ठ को खोलें और पढ़ना शुरू कर दें, मैं आपको विश्वास दिलाता हूँ कि ये कहानियाँ आपको सोचने के लिए मजबूर कर देंगी।

-प्रोफेसर हिमांशु राय

निदेशक-भारतीय प्रबंधन संस्थान, इंदौर

भूमिका

जीवन ने हम दोनों को पर्याप्त अवसर और अनुभव प्रदान किए जिससे हमें लोगों, उनके परिवारों तथा संस्थाओं के विकास में कहानियों के प्रभाव को देखने का अवसर मिला। टोस्टमास्टर्स इंटरनेशनल के डिस्ट्रिक्ट-41 के सर्वोच्च सेवा पदों पर हमारे कार्यकाल ने इसमें सोने पर सुहागे का काम किया। इस दौरान हमने प्रेरणा की शक्ति को; विशेषकर कहानियों तथा उपाख्यानों के माध्यम से; वास्तविक जीवन के अनुभवों, घटनाओं अथवा काल्पनिक कथाओं के माध्यम से साझा करने के कई सफल प्रयोग किए। परिणामस्वरूप हमारा डिस्ट्रिक्ट-41 सभी कीर्तिमानों को ध्वस्त करते हुए सभी तीनों मापदंडों में विश्वभर में पहले स्थान पर पहुँच गया।

कहानियों को पढ़ने और साझा करने की हमारी आदत ने हमारे निजी और व्यावसायिक जीवन पर गहरी छाप छोड़ी है। ये कहानियाँ लोगों के जीवन में प्रेरणा की ज्योति प्रज्वलित करती हैं और व्यक्तियों तथा टीमों के स्थाई विकास में सहयोग करती है। इस प्रकार यह पुस्तक "पाने की हो चाह, तो पर्वत भी देंगे राह" एक ऐसा कहानी संग्रह है जिसकी कहानियाँ हमारे हृदय को छू लेती है और लोगों की उनके स्वप्नों को पूरा करने में सहायता करती हैं।

कहानियाँ हमें प्रेरित कर सकती हैं, उत्साह का संचार कर सकती हैं और मानव प्राणियों पर ऐसा प्रभाव डाल सकती हैं जिसकी हम कल्पना भी नहीं कर सकते। अच्छी तरह से सुनाई गई कहानी ऐसी स्पष्टता को सुनिश्चित कर सकती है जो संप्रेषण के किसी अन्य तरीके द्वारा संभव ही नहीं हो सकता और इस रूप में ये एक व्यापक स्वीकृति तथा दृष्टिकोण की स्थिति का निर्माण करने में सहायक होती हैं। कहानियों के माध्यम से

लोगों में आपके दृष्टिकोण को अपनाने तथा सहज संप्रेषण को सुनिश्चित किया जा सकता है।

लोगों के अपने सपने होते हैं और अक्सर वे, खासकर शुरू में, उनके प्रति अत्यंत उत्साहित भी होते हैं। लेकिन शीघ्र ही जब उन्हें अपने सपनों के पूरा होने की दिशा में कोई प्रगति दिखाई नहीं पड़ती तो वे हताश हो जाते हैं। उन्हें लगने लगता है कि उनके सपने बड़े पर्वतों की तरह हैं जिनको पार नहीं किया जा सकता। परिणाम यह होता है कि वे हार मान लेते हैं और उनके सपने बिखर जाते हैं। शुरू में तो वे अपने उन सपनों को ही छोड़ते हैं परंतु धीरे-धीरे बाद में तो वे सपने लेने की आदत को ही छोड़ देते हैं। यह बहुत ही निराशाजनक और दुर्भाग्यपूर्ण है।

यह पुस्तक इस दिशा में सहायता करने का एक विनम्र प्रयास है कि आप न केवल बड़े-बड़े सपने देखें बल्कि ऊर्जावान बने रहकर और सक्रिय होकर अपने पर्वत समान सपनों को सच भी कर सकें और अपनी मंजिल को पाकर ही दम लें। अगर आपके स्वप्न निजी न होकर संस्थागत हैं तो आप अपनी टीम को भी प्रेरित कर सकते हैं ताकि वे भी सक्रिय बनकर सफलता को गले लगाएँ और गर्व का अनुभव करें।

हम आपको इस पुस्तक को चुनने का सही निर्णय लेने के लिए बधाई देते हैं और तहे दिल ये यह विश्वास करते हैं कि इससे आपके और आपके आस-पास के लोगों के जीवन में सकारात्मक बदलाव आएगा। पुस्तक की 52 कहानियाँ वर्ष के 52 सप्ताहों की सूचक है अर्थात् पूरे वर्ष आप प्रेरणा, प्रसन्नता तथा सफलता से सराबोर रहें।

यह पुस्तक आपके मित्रों और सहयोगियों के लिए नव वर्ष, उनके जन्मदिन अथवा अन्य किसी भी शुभ अवसर की एक आदर्श भेंट हो सकती है ताकि आपकी शुभकामनाएँ मूर्त रूप से उन तक पहुँच सकें। इस पुस्तक के माध्यम से आप अपनी शुभकामनाओं को उनके अपने हाथों में,

दिल में और दिमाग में स्थान देने का अवसर प्रदान कर सकते हैं। अगर आप एक उद्यमी अथवा प्रबंधक हैं तो आप अपने सहयोगियों को पुस्तक की एक प्रति अपने पास रखने की सलाह दे सकते हैं। ओह! इस पुस्तक की सुगमता के बारे में क्या हमने आपको बताया कि आप जब चाहें किसी भी दिन किसी भी कहानी को चुनकर उसे पढ़ सकते हैं और अपने जीवन में अथवा अपने कार्य में उसके प्रभाव को अनुभव कर सकते हैं। हम आपसे इस पुस्तक की कहानियों को अपने मित्रों, परिवार तथा सहयोगियों के साथ साझा करने का अनुरोध करते हैं। साथ ही यह आशा भी करते हैं कि आप इस पुस्तक की एक प्रति अपने पुस्तक-संग्रह में अवश्य शामिल करेंगे ताकि ये 52 प्रेरणा मंत्र सदैव आपकी पहुँच में बने रहें।

आपके सफल और सुखी जीवन की कामनाओं के साथ!

—मुकेश तथा दीपक

लेखकों का परिचय

मुकेश कुलोठिया एक उत्साही उद्यमी हैं, एक उत्सुक पाठक हैं और एक संवेदनशील वक्ता हैं। भारतीय प्रबंधन संस्थान, लखनऊ तथा मालवीय राष्ट्रीय प्रौद्योगिकी संस्थान जयपुर के पूर्व छात्र श्री कुलोठिया ने अपनी व्यावसायिक यात्रा की शुरुआत आई.बी.एम. में अपने अत्यंत सफल कार्यकाल से की। एक दशक के उपरांत उन्होंने अपने मन की आवाज सुनकर वर्ष 2017 में एक उद्यमी के रूप में अपनी यात्रा का आरंभ 'मुस्कुरादो प्रा.लि.' नामक एक कंपनी के साथ किया जो कस्टमाइज्ड टी-शर्ट्स, अवार्ड्स तथा कॉर्पोरेट गिफ्ट्स व मार्केटिंग गिफ्ट्स के व्यावसाय से जुड़ी है। मुकेश एक कर्मठ टोस्टमास्टर हैं जिन्होंने वर्ष 2016-17 में बतौर डिस्ट्रिक्ट डायरेक्टर डिस्ट्रिक्ट-41 का नेतृत्व कर सफलता के सभी मापदंडों पर कीर्तिमान स्थापित किए तथा विश्व में अपना शीर्ष स्थान बनाया। उनका दृढ़ विश्वास है कि इन कहानियों में जीवन को परिवर्तित करने की क्षमता है। कहानियों ने ही उनमें असली नेतृत्व कला का विकास किया तथा सफलता के पाठ पढ़ाये जिन्हें वे अपने व्याख्यानों में साझा भी करते रहते हैं।

दीपक शर्मा सेना के एक वीर सिपाही के सुपुत्र हैं। इस रूप में वे युद्ध की कहानियाँ, बलिदान तथा विजय के किस्से सुन-सुनकर बड़े हुए हैं। अपनी व्यावसायिक यात्रा के दौरान उन्होंने कई संस्थाओं में कार्य किया किंतु 39 वर्ष की आयु में उन्होंने एक अच्छी तनख्वाह वाली नौकरी को छोड़ दिया और एक प्रशिक्षक तथा व्यावसायिक वक्ता बन गए। आज वे पूरे विश्व के लोगों को प्रशिक्षण देकर उन्हें प्रेरित कर रहे हैं। वर्ष 2016-17 के दौरान वे टोस्टमास्टर्स इंटरनेशनल के डिस्ट्रिक्ट-41 के ग्रोथ डायरेक्टर भी रहे और उन्होंने डिस्ट्रिक्ट-41 को विश्व का सफलतम डिस्ट्रिक्ट बनाने में अहम भूमिका निभाई। उनका विश्वास है कि सफलता

एक ऐसा ताला है जो कई चाबियों के मेलजोल से खुलता है। यह पुस्तक इन्हीं चाबियों को आपके सम्मुख प्रस्तुत करने का एक विनम्र प्रयास है।

पुस्तक परिचय

हमारे पीछे क्या है और हमारे आगे क्या है इनका कोई विशेष महत्त्व नहीं रह जाता जब इनकी तुलना "हमारे अंदर क्या है" से की जाती है। इस पुस्तक में वर्षों पुरानी नीतिकथाएँ आपको अपनी आंतरिक क्षमताओं का एहसास कराएँगी तथा सफलता की ओर कदम बढ़ाने के लिए प्रेरित करेंगी। आप अपने पर्वत रूपी सपनों की ओर आगे बढ़ने के लिए इनको एक प्रेरक उपकरण के रूप में प्रयोग कर सकते हैं। ये कहानियाँ आपको साहस एवं शक्ति भी प्रदान करेंगी ताकि आप अपनी कठिनाइयों का दृढ़ता से सामना कर सकें।

आशा करते हैं, ये 52 कहानियाँ आपके लक्ष्य रूपी सपनों का पीछाकर आपको अजेय बनाने में आपकी सहायता करेंगी और आप सफलता के शीर्ष को छू सकेंगे।

प्रशंसा

गुल्लीबाबा पब्लिशिंग हाउस प्रा. लि., दिल्ली का नवीनतम प्रकाशन 'पाने की हो चाह, तो पर्वत भी देंगे राह' एक ऐसा कहानी संग्रह है जिसमें जीवन से जुड़े प्रेरक प्रसंगों को 52 कहानियों के माध्यम से प्रस्तुत किया गया है। ये कहानियाँ जीवन के प्रति हमारी सोच को बदलकर हमारे जीवन में उमंग एवं उत्साह का संचार करने की क्षमता रखती हैं।

इन कहानियों का चयन मुकेश कुलोठिया तथा दीपक शर्मा द्वारा किया गया है जो न केवल मानव मनोविज्ञान के अच्छे ज्ञाता हैं, अपितु व्यावसायिक वक्ता के रूप में भी उन्होंने अच्छी ख्याति प्राप्त की है। हमें पूर्ण विश्वास है कि यह पुस्तक इसके सुधी पाठकों के लिए एक वरदान सिद्ध होगी।

–हरितऋषि विजयपाल बघेल

Renowned Environmentalist/Honored as Social Reformers of India by Wikipedia

'पाने की हो चाह, तो पर्वत भी देंगे राह' शीर्षक से गुल्लीबाबा पब्लिशिंग हाउस प्रा. लि. द्वारा प्रकाशित 52 कहानियों का ऐसा संग्रह है जिसकी तुलना एक ऐसे यान से की जा सकती है जो आपके जीवन को नित नई ऊँचाइयों तक ले जाने को आतुर है।

मुकेश कुलोठिया तथा दीपक शर्मा के द्वारा सरल भाषा में प्रस्तुत इन कहानियों में जीवन के प्रति दृष्टिकोण को बदलकर अपने सपनों को साकार करने की राह दिखाई गई है। सुधी पाठक निश्चय ही इन कहानियों को पढ़कर अपने जीवन में एक सकारात्मक परिवर्तन को अनुभव करेंगे।

–डॉ. वी.के. गोस्वामी

Visiting Scientist; UNIDO, ICTP, ITALY, Expert Panel, NOAA, UNV, ICAO & AIU Rosters Vice Chancellor

अपनी प्रतिभा को पहचानो

बहुत साल पहले की बात है। एक अमीर उद्योगपति मृत्यु शय्या पर था। उसकी अंतिम इच्छा थी कि उसने अपने जीवन में जितनी भी तरह की वस्तुएँ इकट्ठी की हैं उनकी नीलामी कर दी जाए और उस नीलामी से जो भी धन जमा हो, उसे बच्चों की किसी चैरिटी को दे दिया जाए। जब उसने अपनी अंतिम इच्छा अपनी पत्नी को बताई तो उसने तुरंत ही एक नीलामकर्त्ता को बुलाया, और उससे अपने मरणासन्न पति की वस्तुओं की नीलामी करने का अनुरोध किया।

नीलामकर्त्ता ने जल्द ही सभी वस्तुओं की नीलामी आरंभ कर दी। जब नीलाम करने वाली वस्तुओं की संख्या कुछ ही शेष बची थी, उस नीलामकर्त्ता ने थके से हाथों से एक पुरानी सी वायलिन को उठाया जिस पर धूल जमी हुई थी और बड़े ही उपहासपूर्ण तरीके से बोला, "अब

इसकी बोली कितने से शुरू करूँ?" ऐसा करते हैं 500 रुपए से शुरू करते हैं। फिर उसने एक लंबी सी साँस ली और लगभग उसी अंदाज से बोल पड़ा- कोई लेने वाला नहीं। अच्छा 300 रुपए...? अभी भी कोई नहीं इसे लेने वाला? 100 रुपए... ये कैसा रहेगा? अरे... फिर उसकी जोरदार हँसी लोगों ने सुनी... हँसते-हँसते उसने वायलिन को दूर पटक दिया।

एक शक्तिहीन, शिथिल और हकलाती आवाज ने उस नीलामकर्त्ता को रोकना चाहा, "माफ करना, क्या मुझे कुछ बोलने दोगे?" वह वृद्ध धीरे से उठा, फिर झुकते हुए, लड़खड़ाते हुए, नीलामकर्त्ता की तरफ बड़े ही आश्चर्य से देखते हुए वायलिन तक पहुँचा। अपने कुम्हलाए हाथों से उसने वायलिन को पकड़ा और इस तरह उससे लिपट गया मानो यही वायलिन उसके जीवन का सबसे बड़ा प्यार हो। लोगों की भीड़ की तरफ अपनी पीठ किए हुए उस वृद्ध ने सबसे पहले वायलिन के ऊपर जमा हो चुकी धूल को अपने रूमाल से साफ किया, वायलिन के प्रत्येक स्वर तार को खींचा, उसे व्यवस्थित किया और उस वायलिन को अपनी ठुड्डी के नीचे रखकर एक पारंगत वायलिन वादक की तरह बजाने लगा।

वायलिन की मधुर तरंगों से पूरा का पूरा वातावरण आनंदित हो उठा। लोग यह दृश्य देखकर मानो ठिठक से गए। उन्हें अपनी आँखों और कानों पर भरोसा नहीं हो पा रहा था। उम्र के इस पड़ाव पर भी कोई व्यक्ति इस तरह का जादू चला सकता है! क्या कहें इसे? अलौकिक चमत्कार? जल्द ही आस-पास की गली मोहल्ले के लोग भी वहाँ जमा होने लगे थे; वो संगीत ही कुछ ऐसा था। उसे सुन लेने के बाद लोगों ने दाँतों तले उंगली दबा ली और संगीत की मधुरता में मग्न हो गए। कुछ देर तक वायलिन बजाने के बाद उसने नीलामकर्त्ता को वायलिन थमा दी और फिर अपनी जगह पर जाने लगा। तालियों की गड़गड़ाहट उसका स्वागत कुछ इस प्रकार कर रही थी मानो संगीत का फरिश्ता धरती पर उतर आया हो।

अब एक बार फिर नीलामकर्त्ता ने वायलिन अपने हाथ में ली और जोर से बोल पड़ा, "अब इसकी बोली मैं कितने से शुरू करूँ?" एक ने तुरंत ही जवाब दिया... 1000, उसको काटते हुए दूसरी आवाज आयी-1500, फिर एक ने कहा - 2000, इसी तरह से 10000 पर आकर बोली रूकी। जिस वायलिन को नीलामकर्त्ता कबाड़ समझ रहा था... वो बेशकीमती साबित हुई।

इस कहानी से "मूल्य" की अवधारणा और इसको किस तरह से अधिकतम सीमा तक पहुँचाया जाए, उसकी जीवंत व्याख्या मिलती है। एक कुशल वायलिन वादक द्वारा सिर्फ तारों को कस देने भर से, एक कबाड़ सी दिखने वाली वायलिन 10 हजार रुपये की हो गई। क्या ऐसा हम सब नहीं कर सकते? अपने अंदर छुपी प्रतिभा का अधिक से अधिक उपयोग करने की काबिलियत क्या हम सबके अंदर नहीं छिपी है?

हम अपनी काबिलियत, कौशल और प्रतिभा को विकसित ही नहीं होने देते। अपना समय व्यर्थ ही गँवाते रहते हैं। जो करते आ रहे होते हैं... वही करते रह जाते हैं। नतीजे, वही मिलते रहते हैं... जो मिलते आ रहे होते हैं। और फिर पछताना शुरू कर देते है। जीवन में कितना कुछ चाहा था... पर मिला नहीं।

इस वायलिन की तरह हम सबके अंदर प्रतिभा, कौशल और क्षमता का अपार भंडार है। जरूरत है तो बस जानने की, समझने की और उसे परखते रहने की। आखिर अपनी सामर्थ्य हम नहीं जानेंगे, तो फिर कौन जानेगा? किसी उपकरण आदि की तरह ही हमें अपने मस्तिष्क और शरीर को भी अपग्रेड करते रहना होगा, नहीं तो किसी लक्ष्य को हासिल करने का सपना, कोरी कल्पना से ज्यादा कुछ नहीं होगा।

यही समय है हमें अपने अंदर घर कर गई प्राचीन लेकिन गलत मान्यता से छुटकारा पाने का और अपने अंदर सकारात्मकता तथा आशावादी

सोच का संचार करने का। धीमे ही सही, अगर हम प्रतिदिन अपने अंदर के वायलिन की धूल को हटाकर कौशल को बढ़ाते रहें और उस वायलिन वादक की तरह अपनी प्रतिभा का उपयोग करते रहें तो हमारा जीवन भी मधुर संगीत की तरह आनंदमय हो जाएगा।

यदि थोड़ा-थोड़ा ही करके, परंतु रोज हम अपने अंदर अच्छे परिवर्तन लाएँ, तो इसमें तनिक भी संदेह नहीं कि एक दिन हम बहुत बड़े व्यक्ति बन सकते हैं।

-जोन वूडेन

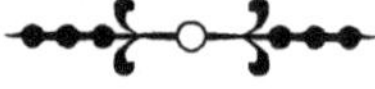

2

सपने सच हो सकते हैं

मोन्टी के पिता घोड़ों के प्रशिक्षक थे। उन्हें बहुत सारे घोड़ों को प्रशिक्षित करने के लिए एक घुड़साल से दूसरे घुड़साल, एक पशु-फार्म से दूसरे पशु-फार्म और एक शहर से दूसरे शहर जाना पड़ता था। मोन्टी का पूरा परिवार उनके साथ चलता था। कस्बों-शहरों की भाग-दौड़ के चलते मोन्टी को अक्सर कक्षा से अनुपस्थित होना पड़ता था। एक दिन जब मोन्टी अपनी कक्षा में उपस्थित था, तभी उसके एक शिक्षक ने उसकी कक्षा के सभी विद्यार्थियों को "मैं जीवन में क्या बनना चाहूँगा" विषय पर निबंध लिखने को दिया। मोन्टी ने बिना समय गँवाए बेझिझक एक 7 पृष्ठ लंबा निबंध लिख डाला। उस निबंध में उसने स्पष्ट शब्दों में लिखा था कि बड़ा होकर वो घोड़ों का एक फार्म शुरू करेगा। उस निबंध

में उसने उससे जुड़ी तमाम तरह की जानकारियाँ भी डाली जैसे कि... वह फार्म को किस जगह पर खोलेगा, उसमें घोड़ों की संख्या कितनी होगी, भवन निर्माण की रूप-रेखा कैसी होगी, घोड़ों में वह क्या विशेषताएँ विकसित करेगा वगैरह-वगैरह।

दो दिन बाद मोन्टी को उस शिक्षक ने उसका लिखा पेपर वापस कर दिया। मोन्टी ने उस पेपर को बहुत ही कौतूहलतापूर्ण आँखों से देखा, यह सोच कर कि शायद शिक्षक महोदय उसके भविष्य की कार्य योजना को इतना विस्तार से बयान करने के लिए उसकी तारीफ करेंगे। परंतु, मुख पृष्ठ पर ही लिखा था-अंग्रेजी भाषा का अक्षर-एफ (F)। समुद्र सा कौतूहल लिए मोन्टी इस अक्षर को देखते ही ठिठक गया। उसने तत्काल ही सोचा, "शायद जो मैं सोच रहा हूँ, ऐसा न हो। अभी फिलहाल कक्षा में किसी भी तरह का व्यवधान उपस्थित करना ठीक नहीं रहेगा। कक्षा की समाप्ति पर शिक्षक से पूछूँगा।" कक्षा जैसे ही समाप्त हुई बालक मोन्टी ने बड़े ही विनम्र स्वर में अपने शिक्षक से पूछा, "ये आपका F मुझे समझ नहीं आया, महोदय!" शिक्षक का निर्मम सा जवाब था, "इतना बड़ा ख्वाब, वो भी तुम जैसे लड़के के लिए जिसके पास न पैसा है, ना साधन है और जो घुमक्कड़ परिवार से है, बिल्कुल ही कपोल कल्पना के सदृश है, उससे अधिक कुछ नहीं। मुझे दूर-दूर तक इसकी तनिक भी संभावना नजर नहीं आ रही कि कभी भी तुम इसे हासिल कर पाओगे। मैं तुम्हें एक मौका और देता हूँ। इस बार ये गलती मत करना। मैंने तुम्हारे अपने भविष्य के बारे में पूछा है, इसलिए अपने आपको ध्यान में रखकर भविष्य के लिए कार्ययोजना लिखना। एक घुमक्कड़, कक्षा से अधिकतर अनुपस्थित रहने वाला, आर्थिक तंगी से जूझ रहे परिवार का पुत्र बनकर लिखना, संसाधन से विहीन परिवार में जन्म लेने वाला बच्चा बनकर लिखना, तभी मैं इस F के साथ कुछ नरमी बरत पाऊँगा।"

बालक मोन्टी का मन अब बहुत खिन्न हो चुका था। सावन के मेघ की तरह दुनिया के सारे दुःख मानो उसे ही घेर रहे हों। उसके मन में प्रश्नों का बवंडर उठ रहा था। दुःखी और उदास होकर, अब उसके कदम घर की तरफ चल पड़े थे। घर पहुँचते ही उसने अपने पिताजी से प्रश्न किया, "क्या मुझे सपने देखने और अपने भविष्य की कार्य योजना बनाने का भी हक नहीं? मेरे भविष्य के बारे में मुझसे ज्यादा सही और कौन सोचेगा, पिताजी? मैंने सब कुछ सोच-समझकर लिखा था पिताजी, मुझे मालूम है कुछ ऐसा ही होगा", ये कहते-कहते बालक मोन्टी की आँखे डबडबा गई थीं।

मोन्टी के पिता ने उसे दुलारते हुए कहा, "मैं जानता हूँ मेरे बेटे। अपने भविष्य के बारे में तुमने जो लिखा है, वह निर्णय तुम्हारा है, इस निर्णय को सही ठहराने के लिए तुम अडिग रहना। अब जब लिख दिया, तो उसमें फेरबदल मत करना, अगर वही बनना चाहते हो, जो लिख के आये हो।"

अगले ही दिन मोन्टी ने वही पेपर अपने शिक्षक को हू-बहू वापस लौटा दिया। उसने फिर उसी विनम्रता से अपने शिक्षक से कहा,"महोदय, आपको अपने F में नरमी बरतने की आवश्यकता नहीं क्योंकि मैं अपने सपनों में किसी भी तरह का फेरबदल नहीं करने वाला हूँ। आप अपना F रख लीजिए और मैं अपने सुनहरे भविष्य का सपना।"

दशकों बाद मोन्टी रोबर्ट ने अपने 200 एकड़ के घोड़ों के फार्म के मध्य स्थित अपने 4000 स्कवायर फीट के भवन में अपने उसी शिक्षक को भोजन के लिए निमंत्रित किया। उसके पास अभी भी F शब्द वाला वो पेपर काफी सुंदर व सुरक्षित तरीके से एक फ्रेम में, ड्राईंग रूम में दीवार पर सजा हुआ था।

प्रसिद्ध अमेरिकी उद्यमी वाल्ट डिजनी के शब्द, "यदि आप किसी चीज की कल्पना कर पाते हैं, तो आप उसे हासिल भी कर सकते हैं," में अपार शक्ति है। सपने देखना कभी भी किसी विद्यालय या महाविद्यालय के पाठ्यक्रम का हिस्सा नहीं होता, हम इसे अपने जीवन के पाठ्यक्रम में शामिल करें। हमारी सामाजिक परिस्थिति कुछ ऐसी है कि हम में से अधिकांश लोगों के लिए जीवन जीने का मतलब है औपचारिक शिक्षा, सुबह 9 से शाम के 6 तक की नौकरी, शादी, बच्चे और फिर उन्हें भी वहीं सब सिखाना।

वास्तव में जीवन का अर्थ है- बड़ा सोचना, बड़े की चाहत रखना, एक बेहतर समाज तथा संसार तैयार करना। पृथ्वी पर मौजूद समस्त प्राणियों में सिर्फ मनुष्य ही एक ऐसा जीव है जिसमें कुछ बड़ा सोचने की शक्ति है, बड़ा सोचने की ही नहीं, अपितु बड़ा हासिल करने की भी, जिससे कि वह अपने आपको ही नहीं बल्कि पूरे समाज को बेहतर कर सके।

मोन्टी रोबर्ट अपना सपना साकार कर पाए क्योंकि वे बड़ी चीज सोच पाए, उसकी कल्पना कर पाए, उसको साकार करने के लिए कार्य-योजना बनाई और अपने ही द्वारा खोजे गए पथ पर निरंतर चलते गए।

क्यों ना हम सभी बड़ा सोचें, बड़ा हासिल करने की ठानें, उसके लिए आवश्यक बलिदान और मेहनत करने के लिए तैयार रहें और फिर एक दिन उसे हासिल करें।

यदि लोग आपके भविष्य की योजना सुन कर आपका मजाक नहीं उड़ाते हैं तो समझ लीजिए कि आपके सपने बड़े नहीं हैं।

-भारतीय उद्यमी अजीम प्रेमजी

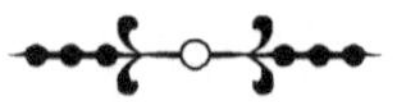

3

सही लक्ष्य तय करें और हासिल करें

एक बार की बात है। एक किसान के यहाँ एक कुत्ता था। वह प्रतिदिन सड़क के किनारे बैठ कर गाड़ियों के आने की प्रतीक्षा करता रहता था। जैसे ही कोई गाड़ी उसके नजदीक से गुजरती, वह उसका पीछा करता और उससे आगे निकल जाने की भरसक कोशिश करता।

एक दिन किसी पड़ोसी ने किसान से पूछा, "तुम्हें क्या लगता है? क्या तुम्हारा यह कुत्ता कभी भी इन तेज दौड़ती गाड़ियों को पकड़ पाएगा?"

किसान ने मुस्कुराते हुए जवाब दिया, "मुझे इसकी परवाह नहीं है। बल्कि मैं तो ये सोचता हूँ कि अगर उसने किसी गाड़ी को पकड़ भी लिया, तो क्या फायदा मिलेगा इसे?"

वास्तव में, हममें से अधिकांश अपना लक्ष्य निर्धारित करते हैं और उसे हासिल करने के लिए पसीना बहाते हैं। परंतु क्या हम यह जान पाते हैं कि हम जिसके लिए इतनी जी तोड़ मेहनत कर रहे हैं, क्या वह लक्ष्य सही मायने में इतना महत्त्वपूर्ण है? कहीं ऐसा तो नहीं कि हम भी औरों का अंधाधुंध अनुकरण करके अपने चैन और सुख को व्यर्थ ही गवाँ रहे हों। बहुत सारे लोग, उस कुत्ते की भाँति व्यर्थ ही अपनी ऊर्जा किसी ऐसे लक्ष्यों का पीछा करने में लगा देते हैं, जो उनके तथा समाज के लिए कुछ बड़े सकारात्मक परिवर्तन नहीं ला सकते। अब यहाँ प्रश्न यह उठता है कि इस बात का निर्णय कैसे होगा कि कौन-सा लक्ष्य हमारे परिश्रम के काबिल है, और कौन-सा नहीं?

इसका उत्तर यह है कि ईश्वर ने हमें मनुष्य रूप में जन्म दिया है तथा इंसान और जानवर में एक बड़ा अंतर यह है कि हमारे अंदर तर्कसंगत लक्ष्य को निर्धारित करने की क्षमता स्वत: ही विराजमान है। जरूरत है तो इसे समझने की, उसे विकसित करने की तथा प्रखर बनाने की। कल्पनाशक्ति हमें ऊँची उड़ान अवश्य देती है, परंतु चिरकाल तक क्षितिज पर हम तभी विद्यमान रह सकते हैं जब हम अपने लक्ष्य को स्पष्ट रूप से देख पाएँ और छोटे-छोटे से प्रतीत होने वाले कार्यों को निरंतर करते चले जाएँ जिससे कि हमारे अंदर आत्म-विश्वास का संचार होगा, लक्ष्य को पूरा करने की प्रतिभा पनपेगी और एक दिन हम उसे हासिल कर ही लेंगे।

प्रत्येक रविवार की रात अपने आपको 30 मिनट का उपहार दें। एक शांत जगह पर बैठें और किसी सार्थक लक्ष्य के बारे में सोचें, जिसे हम अगले सप्ताह, अगले मास या अगले वर्ष हासिल करना चाहते हैं।

इसका जादूई प्रभाव होता है। लक्ष्य की तरफ उठाया गया प्रत्येक कदम उसे गतिशीलता प्रदान करता है और उसका यौगिक प्रभाव पड़ता है। बड़े लक्ष्य को हासिल करने में उठाया गया एक छोटा सा कदम एक बड़ा कदम साबित होगा और जल्दी ही हम उसे हासिल कर ही लेंगे। यदि हम आधा घंटा ही सही, परंतु सिलसिलेवार ढंग से अपने लिए प्रत्येक सप्ताह समय निकाल पाते हैं, तो हम आश्चर्यजनक रूप से उन्नति कर सकते हैं, इसमें तनिक भी संदेह नहीं।

अब्राहम लिंकन ने कहा था, **"लक्ष्य का यथोचित निर्धारण ही उसकी सफलता की आधी गारंटी होती है"।** आइए, हम अपने लक्ष्य के निर्धारण और उसकी समीक्षा के लिए प्रतिदिन कुछ न कुछ समय निकालें। हम किसी बड़े कार्य को छोटे छोटे कार्यों में विभक्त करें और उसकी एक पूरी लिस्ट तैयार करें। जैसे ही कार्य पूरे होते जाएँ, उन्हें अपनी लिस्ट से हटाते जाएँ। जल्द ही हम बड़े कार्य करने में सफल होने लगेंगे।

परंतु सबसे महत्त्वपूर्ण प्रश्नों में से कुछ प्रश्न जो हमें अपने लक्ष्यों के बारे में खुद से पूछने चाहिएँ, वे हैं- **"क्या यह लक्ष्य सार्थक है? इससे मुझे और मेरे समाज को क्या हासिल होगा?"**

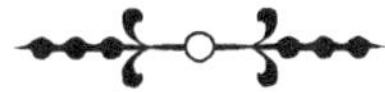

4

दूरदर्शी बनें

वाल्ट डिजनी "मिकी-माउस" की अपनी कल्पना को लेकर बहुत लोगों के पास गए। परंतु सभी ने उनका मजाक उड़ाया। लेकिन वे तब तक लोगों से मिलते रहे, अपने मस्तिष्क में बन रहे प्रतिबिम्ब के बारे में बताते रहे, जब तक कि एक व्यक्ति ने उन्हें ये नहीं कहा – "वाकई, लाजवाब विचार।" यही व्यक्ति आगे चलकर एक कार्टून चूहे को अरबों डॉलर के अंतर्राष्ट्रीय साम्राज्य में परिवर्तित करने में सफल रहा। वाल्ट का विभिन्न आयु वर्गों के बच्चों के लिए एक काल्पनिक गेम्स वर्ल्ड तैयार करने का सपना बहुत ही स्पष्ट था। वाल्ट ने खेती के लिए प्रयुक्त होने वाली कैलीफोर्निया की हजारों एकड़ जमीन में विश्व का

पहला सफल मनोरंजन पार्क 'डिज़नीलैंड' बनवाया। वैसे तो औरलेंडो में 'डिज़नी वर्ल्ड' बनाने का सर वाल्ट का सपना अधूरा ही रह गया, परंतु उनकी मृत्यु के काफी सालों बाद उनके परिवारजनों ने उनका ये सपना पूरा कर दिखाया। आखिरकार औपचारिक रूप से उसके उद्घाटन होने का दिन आया। इस अवसर पर एक रिपोर्टर ने वाल्ट डिजनी के भतीजे श्री रॉय डिज़नी से कहा, "कितने दुख की बात है कि सर वाल्ट आज अपने सपने को साकार होता नहीं देख पा रहे हैं।" इस पर रॉय डिज़नी ने मुस्कुराते हुए जवाब दिया, "आप गलत कह रहे हैं। वो देख पाए, तभी आज आप इसे देख पा रहे हैं।"

सच ही है, कोई भी लक्ष्य तभी हासिल किया जा सकता है जब कि आप उसे अपने मन मस्तिष्क में पहले ही साकार होते देख लें। याद रखिये "कोई भी चीज संसार में दो बार घटित होती है-पहली बार उस व्यक्ति के मन-मस्तिष्क में, जिसका वो सपना होता है और दूसरी बार वास्तविकता में।"

इसलिए यदि हम किसी भी सपने को अपने जीवन में साकार होता देखना चाहते हैं तो यह हमारे लिए अत्यावश्यक है कि हम उसकी परिकल्पना अपने अंदर करें और हमें वह स्पष्ट दिखे, जिसका अवलोकन दूसरे व्यक्ति न कर पाएँ। यदि अपने मन में हम उसकी स्पष्ट छवि बना पाने में सफल हो जाएँ, तो निश्चय ही वह हमारे सामने भी घटित होकर ही रहेगा। यदि संक्षेप में कहें तो हमें "प्रत्यक्ष से परे देखने की शक्ति" को विकसित करना होगा। आखिरकार डिज़नी वर्ल्ड वाल्ट डिज़नी की इसी शक्ति का ही तो परिणाम था। इससे पहले इस तरह का विचार किसी के मन में नहीं आया था, और यदि किसी के मन में आया भी होगा तो वे उस सपने को अपना न सके और शायद यही वाल्ट डिज़नी की सफलता का कारण बना।

"प्रत्यक्ष से परे देख पाने" की इसी दूरदृष्टि ने उन्हें इतिहास में अमर कर दिया।

कई बार हमारे मन में बहुत सुंदर विचार तो पनपते हैं, कुछ मजेदार चीज हमारे मन मस्तिष्क में आ तो जाती हैं परंतु आवश्यक और स्पष्ट कार्ययोजना के अभाव में हम उसका लगातार अनुसरण नहीं कर पाते। हमारे दिमाग में आशंकाओं के बादल मंडराने लगते हैं, लोक लज्जा की बातें हमें भयभीत कर देती हैं। हम सोचने लगते हैं कि कहीं ये हो गया तो, कहीं वो हो गया, तो कहीं के नहीं रह जाएँगे। लोग क्या सोचेंगे, अपने लोग ही मजाक बना के रख देंगे, वगैरह-वगैरह।

परंतु हमारे सामने यदि एक स्पष्ट मानस दर्शन है, तो फिर अडिग रहें। अपनी कल्पना को मूर्त रूप देना शुरू करें। इसे साकार करने के लिए आवश्यक कार्य योजना बनाना शुरू कर दें। रोज इसके लिए कुछ न कुछ समय निकालें। बड़ी कार्य योजना को छोटे-छोटे कार्य टुकड़ों में बाँट दें और इसके लिए एक "प्रगति पुस्तिका" बनाएँ। इसमें अब तक हो चुके कार्यों को लिखें और जैसे-जैसे कार्य संपादित होते जाएँ, अपनी सूची को आवश्यकतानुसार लंबी करते जाएँ। हम महसूस करेंगे, कि हम धीरे-धीरे अपने लक्ष्य के पास पहुँचते जा रहे हैं।

यकीन मानिए हम में से सभी जीवन के उस दौर से गुजरते हैं, या गुजर चुके होते हैं, जबकि जीवन में कुछ कर गुजरने की तमन्ना जागृत होती है। हमारी ज्ञानेंद्रियाँ उस सपने को देख पाने और महसूस करने, बल्कि छू पाने की स्थिति में होती हैं। जरूरत है तो सिर्फ इस बात की कि उस समय का सदुपयोग किया जाए, साधारण से महान बनने के लिए।

आइए हम अपनी कल्पनाशक्ति का भरपूर उपयोग करें, उसे मजबूत करने के लिए समय दें, प्रत्यक्ष से परे देखने की अपनी नैसर्गिक क्षमता का विकास करें तथा अपनी शक्ति और सामर्थ्य उसे साकार करने के लिए झोंकें। अगर हम अपने मन मस्तिष्क को अनुशासित कर और अपने समय का सदुपयोग कर किसी बड़े सपने को साकार करने में जुट जाते हैं तो हम न केवल अपनी जिंदगी को बेहतर कर पाएँगे, बल्कि अपने आस-पास की दुनिया को भी एक नई दिशा प्रदान करने में सक्षम होंगे। यकीन मानिए, आज विश्व को अच्छे मार्गदर्शकों की आवश्यकता है और वो भी शायद पहले से ज्यादा।

वे व्यक्ति जो प्रत्यक्ष से परे देख पाते हैं, स्वप्नदृष्टा कहलाते हैं। अपने सचेत प्रयास से हम अपने अंदर ऐसी कला का विकास कर पाएँगे, जिससे एक उज्ज्वल भविष्य का हमारा सपना साकार हो सकेगा और लोग हमारा अनुसरण करना पसंद करेंगे।

दूरदर्शिता अधिकांश लोगों को दृष्टिगोचर न होने वाली चीजों को स्पष्ट देख पाने की क्षमता है।

—जोनाथन स्विफ्ट

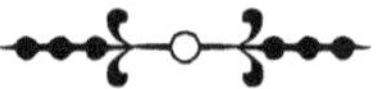

5

सही नजरिया अपनाएँ
सुनहरा भविष्य बनाएँ

एक छोटे से गाँव में एक संत रहते थे। गाँव के सभी लोग उनको पूजते थे। लोग अपनी समस्याएँ लेकर उनके पास जाया करते थे। उनके पास लगभग सभी समस्याओं का समाधान होता था। सभी ऐसा मानते थे कि संत को भविष्य की चीज पहले से ही ज्ञात हो जाया करती है और इसलिए इनकी भविष्यवाणी वो सही-सही कर लेते हैं।

उसी गाँव में एक लड़का रहता था जिसे उस संत की अपार लोकप्रियता से जलन होती थी। संत को गलत साबित करने के लिए उसने उन्हें भगवान मानने वालों को एक चुनौती दे डाली। उसने दावा किया कि

गाँव के समस्त लोगों के समक्ष वह यह साबित कर देगा कि "यह संत एक ढोंगी है, और उसे भविष्य के बारे में कुछ भी पता नहीं है।"

तय दिन और समय पर वह लड़का गाँव वालों की उपस्थिति में उस संत के सामने जा खड़ा हुआ। उसने अपनी दाईं मुट्ठी में एक तितली छुपा रखी थी। उसने संत से बेबाकी से पूछा, "महात्मन्, सुना है आप वर्तमान ही नहीं, भूत एवं भविष्य का भी ज्ञान रखते हैं। बड़ी कृपा होगी अगर आप मुझे सिर्फ इतना बताने का कष्ट करें कि इस वक्त मेरी इस मुट्ठी में क्या है।"

इतना सुनते ही महात्मा ने उस लड़के के प्रति प्रसन्नता से देखते हुए कहा, "किसी बच्चे के हाथ में रंगीन तितली देखना निश्चय ही एक सुखकर एहसास है।"

वह बालक उस संत के द्वारा किए गए सटीक अनुमान से थोड़ा विचलित सा हो उठा। उसे लगा कि अगर मैं यहीं पर अपने द्वारा छिपायी गई तितली को लोगों के सम्मुख दिखा देता हूँ तो निश्चय ही मेरी किरकिरी हो जाएगी। कहीं मैं लोगों के उपहास का पात्र ना बन जाऊँ, ऐसा सोचकर उसने तत्काल ही दूसरा प्रश्न किया, "महात्मन्... आप बिल्कुल सत्य कह रहे हैं। परंतु महत्त्वपूर्ण प्रश्न यह है कि यह जिंदा है या मर चुकी है?"

उस बालक ने सोच रखा था कि "अगर इस संत ने कहा कि तितली मर चुकी है तो मैं सबके सामने उसे उड़ा दूँगा और यदि ये इसे जिंदा कहते हैं तो मैं चुपके से मुट्ठी दबाकर इसे मार दूँगा। इस तरह बाजी मेरे हाथों में ही होगी.. चित्त भी मेरी और पट भी मेरी।"

परंतु यह प्रश्न सुनकर भी महात्मा उसी तरह मुस्कुराए और फिर उसी प्रसन्नता से जवाब दिया, "पुत्र, इसका हल तुम्हारे हाथों में है। यदि

तुम चाहो तो इसे जिंदा आजाद कर सकते हो। और यदि तुम चाहो तो इसके प्राण ले सकते हो।"

मित्रों! बहुधा हमारे लक्ष्यों और सपनों को पूरा करना हमारे अपने ही हाथों में होता है। विजय या पराजय आखिरकार हमारे ही हाथों में होती है।

बाहरी वातावरण में उत्तर तलाशने की बजाय और बाहरी कारकों को दोष देने की बजाय, हमें अपने अंदर झाँकने की आवश्यकता है। याद रहे, यह पूरी तरह हम पर निर्भर करता है कि हम अपने सपनों की तितली को उड़ान भरवाना चाहते हैं या उसे अपने ही हाथों मार देना चाहते हैं।

मान लिया, कुछ चीजों का चयन अकस्मात् ही हो जाता है, परंतु इस बात में भी उतनी ही सच्चाई है कि हमसे कोई भी व्यक्ति या परिस्थिति वो सब नहीं करा सकती, जब तक कि हम इसकी इजाजत उस व्यक्ति या परिस्थिति को न दें। दोष निकालने वाले, निंदा करने वाले, हतोत्साहित करने वाले आदि हमेशा से रहे हैं और आगे भी रहेंगे। परंतु, उनकी बातों पर कितना ध्यान दिया जाए यह पूरी तरह से हम पर ही निर्भर करता है।

किसी खास कार्य का चुनाव, उसे पूरा करने के लिए जरूरी लगन और कार्य योजना ही हमें सफल या असफल बनाते हैं। आइए, हम बुद्धिमानी से इनका चुनाव करें और उस पर कार्य योजना बनाना तत्काल शुरू कर दें।

यही एक तरीका है अपने हाथों से अपना सुनहरा भविष्य बनाने का।

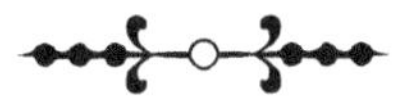

6

कौशल बढ़ाएँ - सफलता पाएँ

एक बार किसी चिड़िया ने मधुमक्खी से पूछा, "बहुत ही दुःख की बात है, तुम सब कितने परिश्रम से शहद बनाती हो परंतु मनुष्य इसे झटके में उड़ा ले जाते हैं। तुम्हें बुरा नहीं लगता?"

मधुमक्खी ने बिना तनिक भी सोचे जवाब दिया, "बिल्कुल नहीं, कभी नहीं। कोई भी व्यक्ति मेरा शहद चुरा सकता है, उसे बनाने की कला नहीं।"

कितना अद्भुत ज्ञान छिपा है इस वार्तालाप में! हमें आत्म विकास के लिए समय, शक्ति और साधन आदि का भरपूर उपयोग करना होगा ताकि हम भी ऐसे शहद का निर्माण कर सकें जिससे कि हम सामर्थ्यवान, शक्तिवान और बलवान बन सकें, जिससे कि हमारे अंदर भरपूर

आत्मविश्वास का संचार हो सके और हम अपने संगठन और अपने परिवार में सबसे महत्त्वपूर्ण व्यक्ति बन सकें। अगर उसे तीन शब्दों में हम व्यक्त करें तो कह सकते हैं कि "अपनी कार्यकुशलता बढ़ाएँ।" ये ऐसा नहीं है कि अगर आप इसे कर लेते हैं तो अच्छा होगा, बल्कि ये ऐसा है जिसे आपको करना ही है। आज के दौर में पुराने तरीकों और उपकरणों से काम करना निश्चय ही बहुत कठिन है। आइए, हम उन कौशलों की पहचान करें जिन्हें विकसित करने की हमें आवश्यकता है और आज ही से हम इसे शुरू भी कर दें। अमेरिका के गाँधी उपनाम से मशहूर मार्टिन लूथर ने एक बार कहा था,

"यदि आप उड़ नहीं सकते, दौड़िए।

यदि आप दौड़ नहीं सकते, चलिए।

यदि आप चल भी नहीं सकते, रेंगते हुए ही बढ़िए।

चाहे जैसे भी हो लेकिन बढ़ते रहिए।"

आज के इस युग में हम लोग तभी आगे बढ़ सकते हैं, यदि और केवल यदि, हम अपनी कार्यकुशलता, दृष्टिकोण और व्यवहार को परिष्कृत करते रहें। निश्चित रूप से एक समय पर एक प्रयास हमें सफलता के करीब लाता है, परंतु प्रयास से भी पूर्व, हमें अपने अंदर छिपी प्रतिभा को पहचानने की आवश्यकता है जिससे कि हमारा जीवन बेहतर बन सके। जिस दिन हम अपने अंदर छिपी प्रतिभा को जान लेंगे, लक्ष्य को प्राप्त करने के प्रयासों में मानो पंख लग जाएंगे। अक्सर ऐसा होता है कि हम अपने सपनों को साकार करने से मात्र एक प्रतिभा को पहचानने की दूरी पर होते हैं।

आइए, हम अपने अंदर छुपी प्रतिभा को तलाशने और उसे बेहतर करने की कला को विकसित करें।

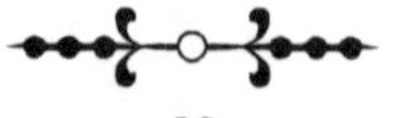

7

परिवर्तन लाइए छोटा ही सही

एक खूबसूरत समुद्र तट पर एक लड़का सुबह की सैर कर रहा था। वहाँ उगते हुए सूरज की छठा और सुबह की मंद मंद ठंडी हवा, उसके तन-मन को हर्षित और पुलकित कर रही थी। प्रकृति की अप्रतिम सुंदरता को वो निहार ही रहा था तभी समुद्र में एक तेज लहर उठी। उसने उस लड़के का ध्यान अपनी ओर खींचा। उसने देखा कि समुद्र की एक लहर से सैकड़ों स्टार फिश जमीन पर आ गिरी हैं। जैसे ही ज्वार-भाटा शांत हुआ, सारी स्टार फिश सूरज की रोशनी में स्पष्ट रूप से छटपटा रही थी। कहीं जल के बिना इन स्टार फिश के प्राण सकंट में न आ जाएँ,

ऐसा सोचकर वह नन्हा बालक स्टार फिश के ढेर की तरफ बढ़ा, उनमें से एक स्टार फिश को अपने हाथ में उठाया और वापस समुद्र में फेंक दिया। एक के बाद दूसरी फिर तीसरी, वो ऐसा करता ही चला गया। उस बालक के ठीक पीछे खड़ा एक व्यक्ति टकटकी लगाकर बालक की गतिविधि को बड़े ही आश्चर्य से देख रहा था। उस व्यक्ति ने इस बालक से पूछा, "क्या कर रहे हो तुम? सैकड़ों स्टार फिश हैं। कितनी को पानी के बिना इस चढ़ती धूप में बचा लोगे? 2-4 बच भी जाएँगी तो क्या फर्क पड़ेगा? बालक दो कदम आगे गया, फिर एक स्टार फिश को उठाया और उसे समुंद्र में फेंक दिया यह कहते हुए कि, "चलो, एक के लिए तो फर्क पड़ा।"

कैसी सोच है? है ना लाजवाब? जीवन में कभी ना कभी हमारी भी हालत कुछ इन स्टार फिश के जैसी ही हो जाती है। तभी कोई एक व्यक्ति आकर चिर-प्रतिक्षित सहायता और मार्गदर्शन से हमारे जीवन में गुणात्मक परिवर्तन लाता है। आप यह सवाल अपने आपसे करेंगे तो उन स्टार फिश को बचाने वाले जैसे कुछ व्यक्तियों के नाम तुरंत ही आपकी जुबान तक आ जाएंगे। परंतु ऐसे लोगों के नाम बताने से कहीं अधिक महत्त्वपूर्ण होगा यह सवाल कि…"हमने अभी तक इस तरह की सहायता कितने लोगों की की है?" कभी कभी, दूसरों के द्वारा की गई सहायता को हम तुच्छ समझने की भूल कर जाते हैं और यहीं गलत सोच हमें दूसरों की सहायता करने से रोकती है।

आगे से हम इस कहानी को अपने मन में याद रखें। बिना बहुत ज्यादा परिवर्तन की परवाह किए, हम दूसरों के लिए जितना, जैसे, और जिस प्रकार से मदद कर सकते हैं, उसके लिए हमेशा तत्पर रहें। शुरूआत में यह जानना महत्वपूर्ण नहीं होगा कि हमारे प्रयास से उसके जीवन में क्या सकारात्मक बदलाव आए हैं, बल्कि महत्वपूर्ण यह होगा कि हम

अपने प्रयास में कितने सच्चे हैं, कितने तत्पर हैं । हमारे सतत् प्रयास से उस व्यक्ति या व्यक्तियों के समूह के जीवन में कुछ बड़े सकारात्मक परिवर्तन देखने को मिलेंगे, इसमें तनिक भी संदेह नहीं है। आइए सभी अपने आस-पास के व्यक्तियों, खासकर जिन्हें हमारी सहायता की अत्याधिक आवश्यकता है, उनके जीवन में कुछ निश्चित बदलाव का प्रण लें, ये सोचे विचारे बिना कि इसका कितना प्रभाव उनके जीवन में पड़ पाएगा।

यदि हममें से सभी थोड़ा-थोड़ा बदलाव ला पाते हैं, तो पूरे विश्व में एक बड़ा सकारात्मक बदलाव आ जाएगा, है कि नहीं?

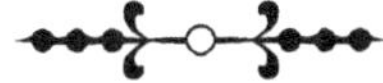

8

आधे भरे गिलास में ही अटके रहेंगे या आगे भी

दिन भर अपने कार्यालय में काम करने के उपरांत एक पिता अपने घर आया। उसने एक गिलास पानी लिया, सामने की कुर्सी पर बैठा और अपने मोबाइल के स्क्रीन पर कुछ गतिविधि करते हुए पानी को थोड़ा-थोड़ा करके पीने लगा। उसने अभी आधा गिलास पानी ही पीया था कि तभी प्रारंभिक विद्यालय जाने वाली उसकी तीन साल की बच्ची दौड़ते हुए वहाँ आ पहुँची और सीधा अपने पापा की गोद में जा बैठी। पापा ने जैसे ही लाडली को अपनी गोद में महसूस किया, वो झट से उससे एक भारी-भरकम सवाल पूछ बैठे, शायद उसकी नेतृत्व क्षमता को तलाशने के

लिए। प्रश्न था- "बेटी, क्या तुम बता पाओगी कि यह गिलास आधा भरा है कि आधा खाली?"

प्रश्न सुनते ही उस छोटी सी बच्ची ने अपने पिता की गोद से छलांग लगाई, दूसरे कमरे की ओर दौड़ी और अपने स्कूल बैग से पानी की बोतल निकाली। दौड़ कर फिर वह अपने पापा के पास आई, पापा के खाली गिलास को अपनी बोतल के पानी से भरा, और फिर खुशी से बोल पड़ी, "अब ये ना तो आधा खाली है और न ही आधा भरा हुआ - ये तो अब पूरी तरह से भरा हुआ है पापा।"

क्या दृष्टिकोण है! मैं ये देखता हूँ कि हममें से कई "आधा भरा हुआ है" इस जवाब से अतिशय प्रसन्न हो जाते हैं। आशावादी नजरिया होने का डंका पीटते हैं।

परंतु, गिलास आधा खाली है या आधा भरा हुआ है, हम इस पर ही अटके नहीं रह सकते हैं। आवश्यकता है तो इससे भी आगे सोचने की। जरूरत है तो क्रियाशीलता की क्यूंकि यही सफलता की बुनियादी नींव है। क्रियाशील और उद्यमी लोग सपनों को संभव बनाते हैं और एक अति मेधावी की भाँति जीवन में सफल होते हैं। आइए त्वरित गति से कार्य निष्पादन को हम अपना स्वभाव बनाएँ। ज्यों ही अपनी और अपने आस-पास के लोगों की जिंदगी में सकारात्मक बदलाव की संभावना की योजना हमारे मन में बने, हम जहाँ भी हों, वहीं से उसे मूर्त रूप देने पर कार्य करना शुरू कर दें।

सिद्धांत से परे सोचें और वो सब करें जिसे करने की हम क्षमता रखते हैं। बातें करना बंद करें, और चीजों का कार्यान्वयन शुरू करें। यदि असफल होते हैं, अनुभव प्राप्त होगा, यदि सफल होते हैं, हम लोग कुछ सकारात्मक परिवर्तन ला पाएंगे। सफलता पाने के लिए कार्यशीलता ही सबसे महत्त्वपूर्ण है।

याद कीजिए बास्केटबॉल के सफलतम खिलाड़ी माइकल जॉर्डन के शब्दों को–

"मैंने अपने खेल जीवन में 9000 से ज्यादा शॉट्स को बिना लक्ष्य साधे मिस किया है। मुझे लगभग 30 खेलों में पराजय का सामना करना पड़ा है। 26 बार मुझे जीत दर्ज करा सकने वाली शॉट खेलने का सौभाग्य अपनी टीम के साथियों से प्राप्त हुआ है लेकिन उसे मैं जीत में बदल नहीं सका। मुझे कई बार निराशा हाथ लगी है। और शायद मैं इसीलिए सफल हूँ।"

–माइकल जॉर्डन

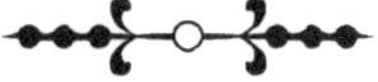

9

जैसा दोगे वैसा मिलेगा

एक किसान प्रतिदिन एक किलो मक्खन एक ब्रेड बनाने वाले के यहाँ बेचा करता था। एक दिन उस ब्रेड बनाने वाले ने सोचा, "क्यूँ न इस मक्खन को तौला जाए, आखिर पता तो चले कि मुझे सही वजन मिल भी रहा है कि नहीं।" जैसे ही उस ब्रेड वाले ने मक्खन को तराजू पर रखा, उसकी आँखें फटी की फटी रह गईं। उस मक्खन का वजन एक किलो से कम था। अगले दिन सुबह जैसे ही वह किसान मक्खन लेकर पहुँचा, वह व्यापारी उस पर गुर्राया, "अच्छा! ले आया अपना एक किलो! यही तो मैं कहूँ कि तौल के क्यूँ नहीं मिलता है मुझे। मिलेगा कैसे, इसके मन में चोर जो छुपा है। बेईमान कहीं का! मैंने तौल लिया है तुम्हारा मक्खन। यह एक किलो है ही नहीं। इसका मतलब तुम इतने दिनों से मुझे टोपी पहनाते

आ रहे हो। अब तुम्हारी खैर नहीं। मैं तुम्हें अदालत में घसीटूँगा, याद रखना।" वह किसान बिना मक्खन रखे वहाँ से चल पड़ा।

इस मामले की अदालत में सुनवाई आरंभ हुई। केस की सुनवाई के दौरान न्यायमूर्ति महोदय ने उस किसान से पूछा, "तुम कैसे समझते थे कि तुम्हारा मक्खन एक किलो है कि नहीं? किसी मापक यंत्र का उपयोग करते थे कि नहीं?"

प्रश्न सुनते ही दोनों हाथ जोड़कर किसान कहने लगा, "हुजूर, मैं पढ़ा लिखा नहीं हूँ। मुझे नाप-तोल की सही जानकारी नहीं है, लेकिन मेरे पास एक तोलन यंत्र जरूर है।"

न्यायमूर्ति ने उसी की बातों से एक प्रश्न निकाला, "तो तुम्हें कैसे मालूम कि यह यंत्र सही है, इसकी तौल ठीक ही होगी?" किसान ने सहजतापूर्वक जवाब दिया, "हुजूर, बहुत सालों से मैं इनसे एक किलो ब्रेड खरीदता आ रहा हूँ। प्रति दिन जैसे ही मैं उनसे ली गई एक किलो ब्रेड को उस तोलन यंत्र पर रखता हूँ मैं उसकी तोल के बराबर मक्खन दे देता हूँ। अगर ये बता रहे हैं कि मेरा मक्खन एक किलो नहीं है तो फिर तो उनकी ब्रेड भी एक किलो नहीं है। है ना हुजूर?" अगर किसी की गलती है तो वो इस पढ़े-लिखे की है, जो मुझे एक किलो बता कर प्रतिदिन उससे कम वजन देता आया है, मैं तो बस उसकी तौल को सही मान कर उतना ही उसे भी लौटाता आ रहा था।

बिल्कुल सही, हम दूसरे के साथ जैसा बर्ताव करते हैं, वही सब हमारे साथ भी घटित होता है। इसलिए जब कभी भी हम किसी को कोई कार्य दें तो यह अवश्य सोचें, "क्या इस काम का मेहनताना उतना है जितना कि हमें खुद मिलना चाहिए था, या उससे कम?" यदि ये हमें मिलने वाली रकम से कम है तो निश्चय ही हम उस व्यक्ति के साथ नाइंसाफी कर रहे हैं। भले ही हम कोई अवैतनिक कार्य करवा रहे हों,

उसमे भीं हमें उदारतापूर्वक लोगों को अधिक से अधिक देने के लिए तैयार रहना चाहिए, ताकि हमें भी अधिक से अधिक मिल सके। वास्तव में "देना" "ग्रहण करना" ही है। अधिक से अधिक लोगों को खुश कर और अधिक से अधिक लोगों के प्रति करुणाशील होकर हम इसकी शुरूआत कर सकते हैं। बदले में हमें जो मिलेगा वो निश्चय ही हमें आश्चर्यजनक रूप से प्रसन्न करने वाला होगा।

गीता में भगवान श्री कृष्ण ने जो कहा था, उसे हम याद करें, *"यदि आपको अभी जो प्राप्त हो रहा है उससे अधिक आप देना शुरू कर दें, तो जल्द ही आपको उससे ज्यादा मिलने लगेगा, जितना कि आप दे रहे हैं।"*

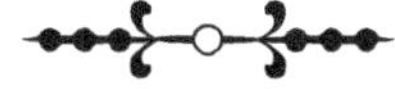

10

गुस्सा जाएँ भूल - रहें कूल

एक छोटा बच्चा था, थोड़ा सनकी किस्म का। एक दिन उसके पिता ने उसके आचरण को बदलने की ठान ली। उन्होंने कील से भरा एक बैग अपने बेटे को थमाया और उससे कहा, "जैसे ही तुम्हें गुस्सा आए बाहर लगे लकड़ी के बोर्ड में एक कील ठोक देना।"

पहले दिन उस लड़के ने 17 कीलें बोर्ड में ठोक डाली। स्पष्ट था कि 17 बार उसने अपना आपा खोया था। परंतु अगले कुछ हफ्तों में, जैसे-जैसे उसने अपने गुस्से पर कुछ हद तक नियंत्रण पाना सीखा, बोर्ड पर अपेक्षित कीलों में कमी आने लगी। धीरे-धीरे उस बालक ने महसूस किया कि बोर्ड पर कील ठोकने से कहीं आसान काम है अपने गुस्से पर अंकुश लगाना।

आखिरकार वो दिन भी आ गया जिस दिन उसे एक कील भी बोर्ड में ठोकने की आवश्यकता नहीं हुई। जाहिर है उसका पूरा दिन बिल्कुल शांत बीता था। उसने अपनी इस उपलब्धि को अपने पिता से साझा करने का मन बनाया। पिता ने उसकी बातों को पूरे ध्यान से सुना और फिर बोला, "बेटे, अब जबकि तुमने अपने गुस्से पर काबू करना सीख ही लिया है तो फिर इन गुस्से की परिचायक कीलों का क्या काम। अब रोज जिस दिन भी गुस्सा नहीं करो, उनमें से एक-एक कील निकालते जाना।"

अपने पिता के कथनानुसार उस बालक ने रोज एक कील निकालना शुरू कर दिया। जल्द ही वह दिन भी आ गया जब बोर्ड में एक भी कील नहीं बची थी। बालक ने दौड़ कर अपने पिता को बुलाया, "पिताजी, देखिए, कोई कील नहीं बची अब।" इतना सुनते ही पिता ने अपने पुत्र का हाथ थामा और जिस जगह पर कीलों को ठोका गया था वह जगह दिखाई। "तुमने बहुत अच्छा प्रयास किया है मेरे बेटे, परंतु क्या तुम्हें ये सुराख नजर आ रहे हैं, जो तुम्हारे कील ठोकने के कारण बने हैं? शायद ये सुराख कभी न भर पाएँ। लोहे की कीलें तो हट गईं, परंतु गुस्से में बोली गई बातें भी दुख भरे सुराख बन जाती हैं, और ये शायद कभी नहीं भरती", पिता ने कहा।

हम लगभग रोज ऐसे व्यक्तियों के बारे में सुनते हैं जो तुनक-मिजाज किस्म के थे, और उनके इसी स्वभाव ने उनको अपनों से दूर कर दिया। आजकल "तुरंत संतुष्टि" वाली मानसिकता चल चुकी है। हम किसी "एप" को डाउनलोड कर भले ही बहुत सारा काम कर सकते हैं, परंतु अच्छे संबंध बनाने और उसे बरकरार रखने वाला कोई "एप" नहीं आता। ये सिर्फ संबंध की महत्ता की समझ और लोकाचार के कौशल द्वारा ही संभव है, और दुर्भाग्य से तुनकमिजाज व्यक्ति ऐसा नहीं कर पाते।

समस्याओं और संताप से भरे अपने लोगों को सहयोग का हाथ बढ़ा कर ही संबंधों की जड़ों को मजबूत किया जा सकता है, उसे सशक्त और शास्वत बनाया जा सकता है। क्रोधी तथा शीघ्र आपा खोने वाले से कोई व्यापार नहीं करना चाहता है। व्यवहार कुशल ही अपने कौशल का भरपूर उपयोग कर पाता है। कई बार प्रतिकूल परिस्थिति में, हम अपना आपा खो बैठते हैं और कुछ ऐसे शब्दों, या भाषा का प्रयोग करने की गलती कर बैठते हैं जिसका प्रभाव उस व्यक्ति के मन मस्तिष्क में सदा के लिए रह जाता है और फिर हम जीवन भर ऐसा संबंध फिर से बना पाने में असफल रहते हैं जो उस शब्द या भाषा के प्रयोग से पहले थे। तो क्या शांत होकर कोई भी शब्द बोलने से पहले अपनी नकारात्मक भावना को परे रखकर सोचना सही नहीं होगा? यकीन मानिए, हमारे शब्दों में इस संसार को बदलने की शक्ति है, आवश्यकता है तो सिर्फ इस बात की कि हम इनका सावधानीपूर्वक उपयोग करना सीखें।

भद्रता से आप दुनिया में अपनी मजबूत उपस्थिति दर्ज करा सकते हैं।

-महात्मा गांधी

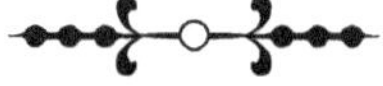

मन के हारे हार है, मन के जीते जीत

जा जाड़े की ठंड भरी एक रात थी। दो मेंढक, एक मोटा ताजा और दूसरा दुबला पतला किसी घर की रसोई में आराम फरमा रहे थे। दोनों को पास रखे पात्र में मौजूद दूध की खुशबू मिल रही थी। चूँकि पात्र ढका नहीं था इसलिए दोनों मेंढ़कों ने उस दूध को नजदीक से सूँघने की ठानी। जल्द ही वे दोनों उस पात्र के करीब पहुँच चुके थे। फिर दोनों ने पात्र के बाहरी किनारे पर छलाँग लगाई ताकि उन्हें दूध की खुशबू नजदीक से सूंघने का मौका मिले। परंतु इससे पहले कि वे अपनी नन्हीं टाँगों को बरतन के किनारों पर जमा पाते, एक के बाद एक दोनों उस बरतन में धप्प से आ गिरे।

उस बरतन के किनारे फिसलाऊ थे। घंटों तक दोनों मेंढक छलाँग लगाकर निकलने की कोशिश करते रहे और एक किनारे से दूसरे किनारे तक तैरते रहे। मोटा मेंढक अब बेदम होता जा रहा था। उसने दम तोड़ती आवाज में नन्हे मेंढक से कहा, "लगता है हम दोनों का अब तक का ही साथ था। अब मैं आगे चल नहीं पाऊँगा, मित्र.. अपना ख्याल रखना और देखते ही देखते वह उस दूध में डूब गया।" तभी छोटे मेंढक ने सोचा, "यदि मैं भी इस तरह से हार मान जाऊँ, तब तो मेरा भी डूबना तय है। क्यूं ना कम ही सही परंतु अपनी कोशिश जारी रखूँ।"

इसी इरादे के साथ वह अगले दो घंटे तक और तैरता-उछलता रहा। पर अब उसकी भी हिम्मत जवाब देने लगी थी। तभी उसे अपने मृत मित्र का ध्यान आया। उसने अपनी इच्छाओं को और बलवती बनाया, फिर मन ही मन निश्चय किया, "हार मान लेने से मेरी मृत्यु निश्चित है। मैं ऐसे नहीं मरना चाहता। मुझे नहीं पता मेरा आज क्या होगा, लेकिन मैं कोशिश नहीं छोड़ने वाला, जब तक जिंदगी है तब तक उम्मीद है।"

इस निश्चय से लबरेज होकर उस मेंढक ने फिर अपनी टांगों को चलाना शुरू कर दिया। घंटों बाद जब उसे महसूस होने लगा कि थकान की वजह से वह फिर से अब लाचार हो चला है, और अब उसके पाँव जवाब दे रहे हैं, तभी अचानक उसने अपने पैरों के नीचे एक ठोस गोला सा अनुभव किया। वास्तव में उसके लगातार पैर मारने के कारण दूध मक्खन में तब्दील हो चुका था। सख्त मक्खन के ऊपर टांगें पसारे वह मेंढक गर्व का अनुभव कर रहा था। जल्द ही उसने सख्त सतह को आधार बनाकर छलांग लगाई और वहाँ से बच कर निकल चला।

अगर देखा जाए तो हम सभी लोग जीवन में उसी फिसलदार दूध के बरतन जैसी परिस्थिति में अपने आपको पाते हैं और हमारी भी वही कोशिश होती है, उन मेंढकों की तरह, कि कैसे बाधाओं से अपने आपको

मुक्त करें और फिर सफलता के उन्मुक्त गगन में विचरण करें। अधिकांश लोग उस बड़े मेंढ़क की तरह हार मान लेते हैं और सफलता से वंचित रह जाते हैं। परंतु हमें उस नन्हें मेंढ़क की तरह अपने लक्ष्य की प्राप्ति के लिए पूरी तत्परता और लगन के साथ प्रयास तब तक जारी रखना चाहिए जब तक कि हमें अपना लक्ष्य हासिल न हो जाए। असल में सिर्फ वे ही लोग कुछ बड़ा हासिल कर पाए हैं, जिन्होंने बड़ा सोचने का साहस किया, उसे पूरा करने का इरादा बनाया, और उसे हासिल करने तक अपना प्रयास जारी रखा।

याद रहे, उषाकाल से पहले अंधेरी रात आती है। जब कभी भी हम अपने आपको समस्याओं से घिरा हुआ पाएँ, अपने आत्म-विश्वास को अपना हथियार बनाएँ और अपने कर्तव्य पथ पर तब तक चलते जाएँ जब तक कि उन समस्याओं का समाधान नहीं हो जाता।

विजेता वह स्वप्नदृष्टा होता है जो कभी हार नहीं मानता।

—नेल्सन मंडेला

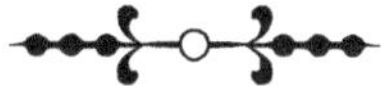

12

हार की जिम्मेदारी लें,
सफलता का श्रेय दें

डॉ. अब्दुल कलाम भारत के सबसे बेहतरीन राष्ट्रपतियों में शुमार थे। एक वैज्ञानिक के तौर पर उन्होंने नेतृत्व का पाठ पढ़ाने वाली एक कहानी को बड़े ही शौक से साझा किया था।

एक वैज्ञानिक के तौर पर शुरूआती दिनों में वे उपग्रह प्रक्षेपण यान योजना में प्रोजेक्ट मैनेजर की हैसियत से कार्यरत थे। उपग्रह को कक्षा में स्थापित करने वाली टीम का वे नेतृत्व कर रहे थे। प्रक्षेपण वाले दिन, कुछ समय तक सब कुछ योजना के अनुसार ही चल रहा था। परंतु खुशी के वे पल क्षणिक थे। वह उपग्रह जमीन पर वापस आ गिरा। प्रक्षेपण पूरी तरह से विफल रहा। कलाम साहब को अब प्रेस को संबोधित करना था। वे अपना

संबोधन शुरू करने ही वाले थे कि उनकी घबराहट व संकोच को समझकर उनके वरिष्ठ डॉ. सतीश धवन खुद पत्रकारों से मुखातिब हुए और फिर शांत मन से प्रेस को संबोधित किया। डॉ. धवन ने अपने ऊपर विफलता की सारी जिम्मेदारी ले ली। साथ ही उन्होंने लोगों को आश्वस्त भी किया कि वे और उनकी टीम असफलता के कारणों को तलाशेंगे, कड़ी मेहनत करेंगे और जल्द ही इस मिशन को सफलीभूत करेंगे। एक वर्ष से भी कम समय में, वे और उनकी पूरी टीम उपग्रह को कक्षा में स्थापित करने में सफल हो गए।

इस बार डॉ. धवन ने कलाम साहब को प्रेस को संबोधित करने का आग्रह किया। धवन ने इस मिशन की सफलता का सारा श्रेय कलाम को दिया और उन्हें बहुचर्चित वैज्ञानिक बना दिया। डॉ. कलाम ने बड़े ही चाव से इस घटना को मीडिया एवं पूरे विश्व के विद्यार्थियों से साझा किया। इस पूरी घटना का निष्कर्ष है, "लीडर सफलता का श्रेय दूसरों को देते हैं और असफलता की जिम्मेदारी खुद लेते हैं।"

अगली बार जब हम किसी कार्य में सफल हों, तो हमें इसका श्रेय अपनी टीम को देना चाहिए। वहीं असफलता हाथ लगने पर दृढ़ निश्चय के साथ खड़े रहने की आवश्यकता होगी और जिम्मेदारी स्वीकार करनी होगी। हार की जिम्मेदारी कुछ समय के लिए हमारे अहम को जरूर ठेस पहुँचाएगी, परंतु ऐसा करने से हमें ऐसे लोगों का साथ मिलता रहेगा जो लोग हमारी योजनाओं के कार्यान्वयन के लिए अनिवार्य हैं। ये लोग न सिर्फ हमें अपने कार्यस्थल और जीवन में कुछ बड़ा हासिल करने में हमारे साथ खड़े होंगे, बल्कि हमारी नेतृत्व योग्यता के भी प्रशंसक हो जाएँगे।

जब भी हमारी टीम को निराशा हाथ लगे, हम अपने आप को दर्पण में देखें, परंतु जब हम सफल हों, तो इसका श्रेय दूसरे को दें।

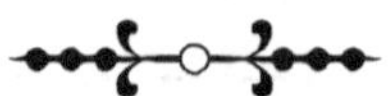

13

हिम्मत से चुनौतियों का सामना करें

एक व्यक्ति को तितली का सुरक्षा कवच (कुकून) मिला। उसने उसे सहेज कर एक सुरक्षित स्थान पर रख दिया। कुछ समय के उपरांत उसकी कुछ परत खुली। वह व्यक्ति बड़े ही गौर से अब उस कुकून की तरफ देखने लगा। एक तितली उस छोटे से छेद से अपना शरीर बाहर निकालने के लिए काफी जद्दोजहद कर रही थी। उस तितली की हरकतों को वह बहुत देर से देख रहा था। काफी देर तक मशक्कत करने के बाद वह तितली रूक गई। उस व्यक्ति को लगा, तितली शायद अब आगे नहीं बढ़ पाएगी। "इतनी देर के परिश्रम ने शायद उसे थका दिया है, लगता है

यह तितली यहीं पर अपना दम तोड़ देगी, ऐसा सोचकर उसने उस तितली की मदद करने का निश्चय किया।"

उसने तत्काल ही एक कैंची निकाली और उस तितली के अंग से सटे कुकून को काटकर बाहर कर दिया। तितली अब आसानी से बाहर तो निकल गई लेकिन उसका शरीर फूला हुआ था और उसके पंख कुम्हला गए थे।

वह व्यक्ति तितली के पंखों की तरफ एक टक से देखता जा रहा था, इस उम्मीद से कि तितली के पंखों का पुनर्विस्तार होगा और वह इतना अधिक फैल जाएँगे कि उसके शरीर को भरपूर बल मिल जाएगा।

परंतु ऐसा कुछ भी नहीं हुआ। पंखों के बिना उसकी जिंदगी नर्क बन गई। उड़ान न भर पाने की वजह से उसे भोजन नहीं मिल पा रहा था और फलस्वरूप कुछ ही दिनों में उसके प्राण पखेरू उड़ गए।

दयालुता और अधीरता के दलदल में धँसा वह व्यक्ति यह समझ न सका कि कुकून से निकलने के लिए जो परिश्रम उस तितली को करना था, वह उसके लिए आवश्यक था। वह उसकी अपनी लड़ाई थी, इसे उसको खुद ही जीतना था। वह संघर्ष उसके लिए आवश्यक था क्योंकि जैसे-जैसे वो कुकून से निकलने की कोशिश करती वैसे-वैसे कुकून के तरल पदार्थ उसके पंखों में जमा होते चले जाते जिससे कि एक बार जब उसके पंख उसे मिल जाते तो वह उनसे पूरी जिंदगी उड़ान भरती।

कभी-कभी संघर्ष से ही हमें वो सब मिलता है जिसकी हम अपेक्षा रखते हैं। वैसे भी संघर्ष के बिना ताज हमें पंगु बना देता है। परिश्रम और संघर्ष के बिना हम उतने शक्तिशाली नहीं हो पाते जितना कि हमें होना चाहिए था। जब तक परिश्रम और संघर्ष की हवाई पट्टी न बने, तब तक सफलता की उड़ान लंबी नहीं हो पाती।

वास्तव में, सच्ची सफलता किसी तिकड़म के सहारे हासिल नहीं की जा सकती। हमारे द्वारा जीती गई ट्रॉफियाँ और मेडल्स हमें आत्म-विश्वास नहीं दिलाते, वो तो दिलाते है संघर्ष का अनुभव और प्रतिदिन का परिश्रम। सच्चे दिल से किसी लक्ष्य को प्राप्त करने की इच्छा और उसे पाने के लिए की गई घोर साधना हमें उस लक्ष्य को प्राप्त न कर पाने की सूरत में भी तिकड़म और जुगाड़ से प्राप्त की गई जीत की तुलना में अधिक आत्म-विश्वास देती है।

नि:संदेह दयालुता अच्छी बात है, परंतु आवश्यकता से अधिक मदद करना खतरनाक है। अगली बार जब भी हम अपने से छोटे का होमवर्क करना चाहें, बाजार से उनके लिए साइंस मॉडल खरीदें, हम इन बातों को याद कर लें और उन्हें अपनी सृजनात्मक क्षमता का भरपूर उपयोग करने दें, उन्हें परिश्रम करने के लिए प्रेरित करें और संघर्ष के प्रति सहनशील बनाएँ। बच्चों को विषम परिस्थिति का हल खुद ही ढूँढ़ने दें। यदि हमारे खुद के जीवन में कुछ चुनौतियाँ हैं, उन्हें स्वीकार करें और डट कर उनका मुकाबला करें। अपेक्षित परिणाम हमारे लिए महत्त्वपूर्ण है, परंतु अनुभव इससे भी अधिक महत्त्वपूर्ण है। आइए, हम चुनौतियों का आलिंगन करें और अति दयालुता को दूर रखें।

टोस्टमास्टर्स इंटरनेशनल की वर्ल्ड चैंपियनशिप ऑफ पब्लिक स्पीकिंग 2001 के विश्व चैम्पियन डैरेन ला क्रुआ के शब्दों पर गौर कीजिए, *"यदि आप मुझे संघर्ष नहीं करने देते, समझिए कि आप मुझे आगे नहीं बढ़ने देते।"*

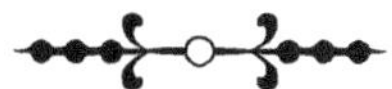

14

घबराएँ नहीं - धैर्य से काम लें

एक रेस्तरां में किसी महिला के पास कहीं से कॉकरोच आ गया। कॉकरोच देखते ही वह महिला डरकर जोर से चीख पड़ी। उसका चेहरा आतंक से भयभीत हो चुका था और उसकी आवाज काँप रही थी। कॉकरोच से छुटकारा पाने के लिए वह अपने पाँवों को जोर-जोर से पटकने लगी थी। उसकी इस तरह की प्रतिक्रिया ने वहाँ पर मौजूद दूसरे लोगों को भी भयभीत कर दिया। वहाँ मौजूद सारे लोग अत्यंत घबरा गए थे। आखिरकार वह महिला उस कॉकरोच से पीछा छुड़ाने में सफल हुई, परंतु वह इस बार एक सज्जन के पास आ गिरा। अब उन्होंने भी कुछ इसी तरह का ड्रामा शुरू किया। उस कॉकरोच से बचने के लिए वे इधर-उधर भागने लगे थे। उन्हें इस परिस्थिति से बाहर निकालने के लिए जल्द ही एक वेटर उनकी तरफ आया। लेकिन अब वही कॉकरोच उस वेटर की शर्ट पर आ गिरा। परंतु उस वेटर ने वो सब नहीं किया, जो

पहले के दोनों लोगों ने किया था। बिल्कुल शांत चित्त से उसने उस कॉकरोच को देखा और अपनी कमीज पर हो रही उसकी गतिविधियों पर गौर किया। जब वह कॉकरोच थोड़ा शांत हुआ, तब उसने अपनी उंगलियों के सहारे उसे पकड़ा और दरवाजे के बाहर फेंक दिया।

अब यहाँ प्रश्न यह उठता है कि क्या लोगों के इस ड्रामे के लिए कॉकरोच जिम्मेदार था?

यदि ऐसा है तो फिर वो वेटर को परेशान और विचलित क्यूँ नहीं कर पाया? उसने तो इस परिस्थिति का बहुत अच्छी तरह से सामना किया, बिना किसी शोर-शराबे के। वास्तव में दोष कॉकरोच का नहीं था, दोष था उस रेस्तरां में मौजूद बाकी सब लोगों का जो कॉकरोच को शांतिपूर्ण ढंग से खदेड़ना नहीं जानते थे, जो उन लोगों को परेशान कर रहा था।

वास्तव में, माता-पिता, बॉस, पति, पत्नी या फिर किसी ग्राहक का चिल्लाना हमें विचलित नहीं करता बल्कि हम इसलिए मानसिक पीड़ा का शिकार होते हैं क्योंकि हममें उस चिल्लाहट, या तनाव को नियंत्रित कर पाने की कला नहीं है। बहुत सारी बहुराष्ट्रीय कंपनियों में कम कामकाज वाले दिन का उपयोग कुछ कर्मचारीगण अपने आपको प्रशिक्षित करने, नयी चीजों को सीखने, अपनी टीम के लोगों को बेहतर करने, नए कौशल आदि का विकास करने, व्यापार की नई संभावनाओं की तलाश करने आदि में लगाते हैं जबकि कुछ लोग अपने पास उपलब्ध समय को कुछ न कर पाने योग्य समझ कर शिकायत करने में लगा देते हैं। और ऐसे लोग खाली समय का सदुपयोग कर पाने की क्षमता रखने वाले लोगों की अपेक्षा अपने आपको लाचार और असुरक्षित महसूस करते हैं। वे अपनी टीम को अधिक से अधिक प्रशिक्षित करने, उनके अंदर आत्म-विश्वास भरने और नई चुनौतियों को स्वीकार करने में विफल हो जाते हैं और फलस्वरूप अपनी स्वयं की टीम के लोगों की और कंपनी की उन्नति में अधिक योगदान नहीं

कर पाते। वास्तव में समस्या से अधिक, उसके प्रति हमारी प्रतिक्रिया हमें कमजोर या शक्तिशाली बनाती है।

निश्चित तौर पर जो भी घटनाएँ होती हैं, वे हमारे सामने ऐसे हालात पैदा कर देती हैं जिनसे कि हमारी मानसिक अवस्था काफी हद तक प्रभावित होती है। परंतु यहाँ पर एक स्वाभाविक प्रश्न यह उठता है कि क्या हम अपनी मानसिक स्थिति को परिस्थितियों के हवाले कर दें या फिर उसे इस कदर विकसित कर लें कि आस-पास की परिस्थितियाँ हमारा कुछ भी न बिगाड़ सकें। आप में से लगभग सभी का जवाब होगा- हमारी मानसिक अवस्था हमारी परिस्थितियों को नियंत्रित करे। तो फिर क्यूँ हम तुच्छ चीजों पर थोक भाव से अपनी प्रतिक्रिया दें, जिनका हमारी जिंदगी में महत्त्व न के बराबर है? इस पर विचार करने की आवश्यकता है।

शांतता शक्ति का उद्गम स्थल है।

-*अज्ञात*

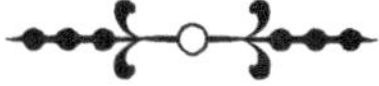

15

अपना-अपना स्वभाव

एक लड़का अपनी माँ से अपनी जिंदगी की सारी नाराजगी साझा किया करता था। वह अक्सर कहा करता था, "मम्मी, मैं अपनी जिंदगी से बिल्कुल तंग आ चुका हूँ। मेरे साथ कुछ भी अच्छा नहीं हो रहा है। मुझे ऐसा महसूस होता रहता है कि एक समस्या सुलझी नहीं कि दूसरी, उससे भी बड़ी, मेरे सामने मुँह बाये खड़ी है। मैं कहाँ तक अपनी परिस्थितियों से लड़ूँ और कितना संघर्ष करूँ? मेरी सहन-शक्ति और समझ अब बिल्कुल जवाब दे चुकी है।"

माँ ने अपने बेटे की दुःख भरी कहानी को बड़े ही गौर से सुना और फिर उसे अपने रसोईघर में ले गई। उसने एक समान बनावट और आकार के तीन पात्र निकाले, उसमें कुछ पानी डाला और फिर उन्हें तेज

आँच पर रखा। जब तीनों बरतन में रखा पानी खौलने लगा, माँ ने पहले में आलू, दूसरे में अंडा और तीसरे में कॉफी की फलियाँ डालीं। माँ उससे बिना कुछ बोले रसोईघर में बड़े आराम से गैस चूल्हे पर ये तीनों चीजें बना रही थी। उधर बेटा उतावला हो रहा था। रसोई घर में आज उसने कुछ ज्यादा ही वक्त बिता लिया था, वो भी माँ से बिना कुछ बातचीत किए। वो अब वहाँ से जाने के लिए अधीर हो रहा था। उसके मन में बार-बार एक ही प्रश्न आ रहा था- मम्मी आखिर ये सब कर क्या रही है? मुझे बुलाने का क्या मतलब है? मेरी जिंदगी की परेशानी क्या रसोई घर में रहने से कम होगी, वगैरह-वगैरह।

ठीक 20 मिनट बाद माँ ने बर्नर को बंद कर दिया। उसने एक-एक कर सभी आलूओं को पात्र से बाहर निकाला और एक बड़े से कटोरे में डाला। ठीक ऐसा ही उसने अंडों के साथ भी किया। फिर उसने कॉफी की फलियों को छाना और उसे भी एक कटोरे में रखा। अब वो अपने बेटे की ओर मुड़ी और उससे पूछा, "बेटे, तुम क्या देख रहे हो?"

"वही आलू, अंडे और कॉफी की फलियाँ", पुत्र ने झटके से जवाब दिया।

"नजदीक आकर देखो और इन आलू को छूओ," माँ ने कहा। बेटे ने ऐसा ही किया और माँ से बोला, "नरम हो चुके हैं।" अब मम्मी ने उसे एक अंडा लेकर उसे फोड़ने के लिए कहा। उस लड़के ने जैसे ही अंडे की ऊपरी परत को खोला, उसने देखा कि वह अंडा अब बिल्कुल ठोस हो चुका है। अब वह फूट नहीं सकता, मजबूत जो हो चुका था। अंत में उसने अपने बेटे को कॉफी पानी देखने को कहा। इसकी मजेदार खुशबू से उस बच्चे के चेहरे पर खुशी दौड़ गई। परंतु बच्चे के मन में प्रश्न   जस   का तस था।

"मम्मी इन सबका क्या मतलब है?", बालक ने अधीरतापूर्वक प्रश्न किया।

तब मम्मी ने अपने लड़के को बताना आरंभ किया, "आलू, अंडे और कॉफी की फलियाँ, इन सबके सामने कठिनाई समान थी-खौलता हुआ पानी।" परंतु, तीनों ने अलग-अलग तरह से प्रतिक्रियाएँ दीं।

खौलते हुए पानी ने इन सख्त आलूओं को मुलायम और कमजोर बना दिया। अंडे मुलायम और नाजुक थे। अंडों के सबसे बाहरी आवरण उनके तरल आंतरिक भाग को ढके हुए थे। लेकिन जैसे ही वे खौलते हुए पानी के संपर्क में आए, सख्त हो गए। अब इन अंडों को कोई भी उंगलियों से नहीं फोड़ पाएगा। बल्कि अब ये फूटेंगे ही नहीं, क्यूंकि अब ये तरल नहीं ठोस हैं। इन तीनों में कॉफी सबसे निराली थी। जब इसे खौलते हुए पानी में डाला गया, तो इसने पानी के स्वरूप को ही बदल डाला और एक नई चीज का निर्माण कर डाला। माँ ने आगे कहा, "अब ये तुमको चुनना है कि तुम इन तीनों में से कौन हो. कॉफी, अंडे या फिर आलू? जब मुसीबत से मुलाकात हो, तो निश्चय करो कि तुम कैसे उसका मुकाबला करोगे कॉफी बन कर, अंडा बन कर या फिर आलू की तरह?"

वास्तव में जीवन में कई तरह की घटनाएँ हमारे आस-पास घटित होती रहती हैं, कई तरह की चुनौतियाँ हमारे सामने आती रहती हैं, और ऐसे ही आती रहेंगी। परंतु सबसे महत्त्वपूर्ण यह है कि ऐसी परिस्थितियों से निपटने के लिए हम कितने तैयार हैं। क्या कठिनाई और मुसीबत हमें अपने हाथों की कठपुतली बना लेती हैं या फिर उससे आगे निकलने की हमारी रणनीति और हमारे बुलंद इरादे उन्हें बेदम कर देते हैं? सारा खेल अवलोकन की क्षमता का है, सोचने के स्तर का है, और मानसिक मजबूतियों का है। इस कहानी में आलू, अंडे और कॉफी के स्वभाव को

बदला नहीं जा सकता है। सौभाग्य की बात यह है कि हम अपने स्वभाव को बदल सकते हैं, जैसा बनना चाहें वैसा बन सकते हैं।

शिकायत करना बंद कीजिए, जिम्मेदारी लीजिए और वांछित सफलता हासिल कीजिए।

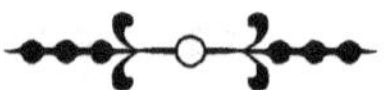

16

कृतज्ञ बनिए

एक दृष्टिहीन लड़का था। दृष्टिहीनता के चलते उसे अपने आप से नफरत हो गई थी। उसे अपने आप से ही नहीं बल्कि हर किसी से नफरत हो गई थी, सिवाय अपनी प्रेमिका के। वह लड़की उसका काफी ख्याल रखती थी, उसे प्रोत्साहित करती थी और उसकी सहायता के लिए हमेशा तत्पर रहती थी। वह उससे अक्सर कहा करता था, "काश मेरे पास तुम्हें और संसार को देखने के लिए आँखें होती तो मैं तुमसे शादी कर लेता।"

एक दिन किसी व्यक्ति ने उसे नेत्रदान किया। उसकी आँखों की वजह से वह इस संसार को देखने लगा था। उसकी प्रेमिका इठलाती बलखाती उसके पास आई और पूरे संसार की खुशी समेटे उससे बोली, "अब तो तुम्हें शादी की शर्त मिल चुकी है, अब हम दोनों शादी कर लें?"

लड़के ने उसे गौर से देखा। वह अंधी थी। इतना जानकर उसने तत्काल ही उसका शादी का प्रस्ताव ठुकरा दिया। उसका टका सा जवाब था, "नहीं-नहीं। अरे! तुम अंधी हो। मैं आँख वाला। कैसे मुमकिन है ये बेमेल जोड़ी"

रोती, बिलखती, अपने भाग्य को कोसती वह लड़की तत्काल ही वहाँ से चल पड़ी। कुछ दिनों के बाद उसने एक नोट लिखवाकर उसे भेजा–"मेरी आँखों का ध्यान रखना।"

वास्तव में जीवन स्तर बेहतर होते ही मनुष्य का मन बदल जाता है। अब उसे वो चीजें नहीं सुहाती जो उसके लिए अभी तक सबसे प्रिय थी। वह गली उसे अब गँवारा नहीं होती जिस गली के नाम से वह अभी तक जाना जाता था। कुछ ही लोग अपने जीवन के दु:ख भरे दिन याद रख पाते हैं जब वो पहले के अपने जीवन स्तर से काफी ऊँचा उठ चुके होते हैं।

क्या आप उस कृतघ्न लड़के की तरह बनना चाहेंगे?

मुझे तनिक भी संदेह नहीं है, आपका उत्तर निश्चित रूप से "नहीं" होगा।

क्यूँ न हम अपने मन मस्तिष्क में कृतज्ञता का बीज बोएँ और उन सबके लिए शुक्रगुजार रहें जो हमारे आस-पास मौजूद हैं, या जो हमें मिल रहा है। हमें यह समझना होगा कि आगे की तरफ उठाया गया हमारा प्रत्येक कदम हमें किसी बड़े लक्ष्य के और करीब लाएगा। इसलिए हमें प्रत्येक कदम के लिए कृतज्ञता का एहसास होना चाहिए।

वास्तव में कृतज्ञता सफलता की सबसे महत्त्वपूर्ण कुंजी है और साथ ही महापुरुषों का लक्षण भी। कृतज्ञता का जादुई प्रभाव होता है। आप खुद भी इसे आज़मा सकते हैं। अगला पूरा सप्ताह प्रतिदिन के अपने अच्छे

अनुभवों, चाहे वो व्यक्तियों से संबंधित हो, या स्थानों से, उन सबको लिखिए और इसके जादुई परिणाम को खुद ही महसूस कीजिए। ज्यादा से ज्यादा "शुक्रिया" शब्द का प्रयोग करें। आप पाएंगे कि आप न केवल इससे लोगों को खुश रख पाते हैं, बल्कि ब्रह्मांड के प्रति आभार व्यक्त करने का भी अवसर आपको अक्सर मिल जाता है। निश्चय ही अपने आस-पास प्रसन्नचित्त व्यक्ति का होना किसी वरदान से कम नहीं है।

कृतज्ञता से जीवन में पूर्णता की परत खुलती है। यह इनकार को इकरार में, अराजकता को व्यवस्था में, भ्रांति को स्पष्टता में और अधिक को अत्यधिक में बदल देती है। यह भोजन को भोज में, किराए के मकान को घर में और एक अजनबी को मित्र में बदल सकती है।

-मेलोडी बेट्टी

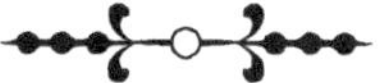

17

समझदार के साथ रहें

दो मेंढक एक ही साथ किसी गाँव में रहते थे। उनके मन में विचार आया- "अपने गाँव से कुछ ही मील की दूरी पर बड़ा शहर बसा हुआ है। इस गाँव की गलियों में हमने पूरी जिंदगी गुजार दी। क्यों न वहाँ की सैर की जाए।" उन दोनों ने शहर में मौजूद बहुत सारी दर्शनीय चीजों के बारे में कल्पना करना शुरू कर दिया और उसके बारे में आपस में बातें की। आखिरकार वह दिन आया जब वो शहर की और चल पड़े। दोनों अत्यधिक प्रसन्न थे।

यात्रा उम्मीद से ज्यादा थकान भरी हो चली थी। शायद इसलिए क्यूँकि उन्हें इससे पहले सफर का कोई खास अनुभव नहीं था। गाँव और शहर के बीच एक पहाड़ था जिसे पार करना था। दोनों इस पर्वत पर चढ़

गए। पर्वत चढ़कर उन मेंढकों को लगा कि अब शायद शहर अधिक दूर न हो। इसलिए दोनों ने कुछ देर विश्राम करने का मन बनाया। इसी दौरान ये दोनों बातचीन करने लगे। कुछ देर विश्राम और वार्तालाप करने के उपरांत दोनों ने फिर से शहर की ओर रूख किया। एक ने दूसरे से कहा, "अब हम शहर के बिल्कुल पास ही होंगे। क्या तुम शहर देख पा रहे हो?"

"नहीं, लेकिन यदि मैं तुम्हारी पीठ पर चढ़ जाऊँ, तब मैं निश्चय ही शहर देख पाऊँगा," दूसरे मेंढक ने जवाब दिया।

अत: शहर देखने की लालसा में एक मेंढक दूसरे मेंढक की पीठ पर चढ़ गया।

जैसे ही एक मेंढक ने अपना सर ऊँचा उठाया, उसकी आँखें ऊपर की ओर होती और जैसे ही वह खड़ा होता उसकी आँखें पीछे की तरफ चली जाती। फलस्वरूप, मेंढक को सिर्फ वे ही चीजें दिखाई देती जो उसके पीछे होती। आगे की चीजों को उसकी आँखें देख ही नहीं पाती। इसलिए उन्हें पूरी कोशिशों के बावजूद गाँव के अलावा कुछ नहीं दिखा।

"क्या तुम शहर देख पा रहे हो?" नीचे वाले मेंढक ने पूछा। "हाँ, देख पा रहा हूँ। परंतु, यह तो बिल्कुल अपने गाँव की तरह ही है।" तब दोनों मेंढकों ने निर्णय लिया कि आगे बढ़ते रहने का कोई औचित्य नहीं है, हमें गाँव लौट जाना चाहिए। वे अब अपने गाँव की ओर बढ़ने लगे थे। गाँव पहुँचकर उन्होंने अपने साथियों से कहा, "देख लिया शहर। अपने गाँव के जैसा ही है।"

इस कहानी का नैतिक मूल्य स्पष्ट है- हमें समझदारों के साथ रहना चाहिए। हम महसूस करें अथवा न करें, हमारे आसपास के लोगों का हमारे भविष्य निर्माण में बहुत बड़ा हाथ होता है। हम लोगों का आंकलन

उनके व्यवहार, मान्यताएँ और मूल्यों पर तो करते हैं, परंतु उनके साथ समय व्यतीत करने वालों के बारे में नहीं जान पाते। यदि हम उनकी मित्र मंडली का आंकलन करें तो हम कभी गलत साबित नहीं होंगे।

अच्छे लोगों की संगत तुम्हें अच्छा बनाएगी। बुरे लोगों की संगत तुम्हें बुरा बनाएगी। जो समान स्वभाव के होंगे वे साथ होंगे। चील-चील के साथ ही उड़ान भरती हैं और कबूतर को कबूतर भी मिल ही जाते हैं।

-शेख जलालुद्दीन रूमी

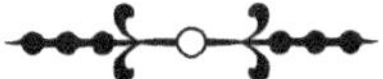

18

यथा दृष्टि तथा सृष्टि

किसी समय एक शहर में एक बुजुर्ग बुद्धिमान द्वारपाल रहता था। उसका काम था शहर में आए नवांतुकों का स्वागत करना और उन्हें शहर के रास्तों और व्यापार से संबंधित जानकारी देना। शहर में आनेवाले मुसाफिर उसके पास कुछ देर के लिए रूका करते थे और शहर में मौजूद रोजगार संबंधी संभावनाओं और शहर में किसी निश्चित स्थान पर जाने के लिए उससे बस या ऑटो आदि रूट के बारे में पूछा करते थे। एक दिन एक यात्री ने उस द्वारपाल से पूछा, "महाशय, इस शहर के लोग कैसे हैं, इसके बारे में कुछ जानकारी दीजिए।"

उस बुजुर्ग ने कुछ देर रूककर अपना सिर खुजलाया और फिर प्रति प्रश्न किया, "आप जिस शहर से आ रहे हैं वहाँ के लोग कैसे हैं?" यात्री भौंहें चढ़ाकर बोला, "बहुत ही भयानक, सारे के सारे स्वार्थी, लालची और भ्रष्ट।"

"अच्छा!" बुजुर्ग द्वारपाल ने सिर हिलाते हुए जवाब दिया।

"आपको ऐसे ही लोग यहाँ भी मिलेंगे। फिर मुझे मत कहना कि मैंने आपको चेताया नहीं।"

लगभग एक घंटे के बाद एक दूसरे यात्री ने शहर के दरवाजे पर दस्तक दी। वेश-भूषा और चेहरे के हाव-भाव से वह पहले वाले यात्री का भाई लग रहा था। इस बार पहले उस बुजुर्ग व्यक्ति ने ही बोलना आरंभ किया, "आपका चेहरा देखकर मुझे ऐसा लग रहा है कि मैं आपसे पहले जिस सज्जन से मिला हूँ, आप उन्हीं के भाई हैं। क्या आप उन्हीं को खोज रहे हैं?"

वह नवयुवक मुस्कुराया और अपना सिर ना में हिलाया। "नहीं, इस जन्म में तो नहीं, महाशय। इसका कारण यह है कि मेरा भाई बहुत ही नकारात्मक स्वभाव का है। मुझे यह कहते हुए बड़ा ही दुख हो रहा है कि उसका मेरे साथ ना होना मुझे जरा भी नहीं खल रहा।" ऐसा कहकर वह नौजवान उस बुजुर्ग व्यक्ति की ओर बढ़ा, उससे हाथ मिलाने के लिए अपना हाथ बढ़ाया और उससे विनम्रतापूर्वक पूछा, "यदि आप मेरे प्रश्न का उत्तर दे दें द्वारपाल जी, तो मैं आपका आभारी रहूँगा। यदि मैं आपका आपकी उम्र से आंकलन करूँ तो निश्चित रूप से आप इस शहर में बहुत सारे लोगों को जानते होंगे। महाशय, आपकी राय में आपके शहर में कैसे लोग रहते हैं?" उस बुजुर्ग ने एक बार फिर उसी अंदाज में थोड़ा रूककर अपना सिर खुजलाया और वही प्रश्न दोहराया, "आप जिस शहर से आए हैं वहाँ के लोग कैसे हैं?" प्रश्न सुनकर वह नवयुवक पुन: मुस्कुराया और चेहरे पर प्रसन्नता का भाव लिए बड़े ही जोश में बोला, "अरे, इतने अच्छे लोग कहीं मिल नहीं सकते- हमारे यहाँ के लोग बड़े ही ईमानदार, मेहनती और उदार हैं। मुझे तो अपना शहर छोड़ने की बिल्कुल भी इच्छा नहीं थी,

लेकिन दोस्तों का दबाव और कुछ बड़ी संभावनाओं का पता लगाने का इरादा, यही दो कारण मुझे यहाँ तक खींच लाए।"

"अच्छा," उस द्वारपाल ने मुस्कुराते हुए जवाब दिया, "आपको ऐसे ही लोग यहाँ भी मिलेंगे। हम आपका दोनों हाथों से अपने शहर में स्वागत करते हैं।"

मित्रों, जब नजरिए की बात आती है, तो वही मिलता है जैसा हम देखना पसंद करते हैं। एक गलत नजरिया रखने वाला व्यक्ति इस संसार को संशय से मढ़े काले चश्में से देखता है और परिणामस्वरूप, उसे सायों में छुपे संदेहास्पद व्यक्ति ही नजर आते हैं। इसके विपरीत, उच्च आदर्शवादी इस संसार को सकारात्मकता से मढ़े चश्में से देखते हैं और परिणामस्वरूप उन्हें सारे लोग सकारात्मक और सहयोगी नजर आते हैं।

इसलिए परिस्थिति चाहे कैसी भी हो, हमें लोगों के प्रति अपना रुख सकारात्मक ही रखना चाहिए। लोगों के साथ सकारात्मक व्यवहार ही हमारी सबसे बड़ी पूँजी होगी जो हम अपने पीछे छोड़ जाएंगे। जब हम दूसरों में अच्छाई देखना शुरू कर देते हैं तो लोगों के साथ दोस्ताना व्यवहार करना बहुत ही आसान हो जाता है। महान कवि तुलसीदास ने इसे बड़े ही सुंदर ढंग से संक्षेप में लिखा है

"जाकी रही भावना जैसी, प्रभु मूरत देखी तिन तैसी"

(जिनके मन में अच्छाई होती है वो दूसरों में भी अच्छाई देखते हैं। इसी प्रकार जिनके मन में आशंकाएँ भरी होती हैं, वे दूसरों को भी संशय की दृष्टि से देखते हैं)।

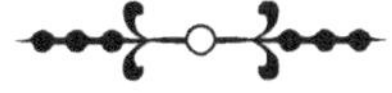

19

पहले तोलें - फिर बोलें

एक बच्ची अपने हाथों में एक-एक सेब लिए हुए थी। उसकी मम्मी उसके पास आई और फिर धीरे से, चेहरे पर मीठी मुस्कान लिए अपनी लाडली से बोली, "मेरी स्वीटी, इसमें से एक सेब क्या तुम मुझे दोगी?"

कुछ पल उस नन्हीं बच्ची ने अपनी मम्मी की तरफ देखा और फिर अचानक ही एक सेब को दाँत से काटा। मम्मी कुछ बोल पाती उससे पहले ही बच्ची ने दूसरे सेब को भी दाँतों से काट डाला। मम्मी तो बस भौंचक्का रह गई। उसने मन ही मन सोचा, "मैं खा न लूँ इसलिए इसने दोनों सेब को जूठा कर दिया। मैंने यह सपने में भी नहीं सोचा था कि मेरी बेटी ही मेरे साथ इस तरह का बर्ताव करेगी। अब उसके चेहरे पर मुस्कान की जगह उदासी थी। वह अपनी उदासी और नाराजगी छुपाने की भरसक

कोशिश किए जा रही थी। तभी उस छोटी बच्ची ने एक सेब अपनी मम्मी की तरफ बढ़ाते हुए कहा, "मम्मी, ये लो। यह ज्यादा मीठा है।"

इस कहानी की सीख बहुत ही स्पष्ट है। चाहे हम अपने आपको कितना भी बड़ा ज्ञानी, अनुभवी और विशिष्ट क्यूँ ना समझें, हमें लोगों के बारे में अपनी धारणा बनाने से बचना चाहिए। हमेशा दूसरों को अपनी स्थिति स्पष्ट करने का भरपूर मौका देना चाहिए। ऐसा करना इसलिए भी महत्त्वपूर्ण होता है क्योंकि हम जो सोचें, वही सत्य हो, ऐसा जरूरी तो नहीं है।

बहुत लोग महज चंद मिनटों की मुलाकात, वेशभूषा, या दूसरों के द्वारा सुनी-सुनाई बातों के आधार पर उन लोगों के प्रति एक अमिट धारणा बना लेते हैं। परंतु ये सभी किसी व्यक्ति विशेष को पूर्ण रूप से जानने और समझने के पर्याप्त आधार बिल्कुल भी नहीं हो सकते। जो हमें दृष्टिगोचर होता है, सच्चाई उससे परे भी हो सकती है। इसलिए हमें इन सबके परे भी देखने की कोशिश करनी चाहिए। हमें लोगों के कार्यकलापों, उनकी दिनचर्या आदि का ध्यान से अवलोकन करते रहना चाहिए, और यदि हम इतना सारा ना कर पाएँ तो उनके किसी खास कार्यकलाप के पीछे छिपी उनकी भावना को समझने की कोशिश जरूर करनी चाहिए। जब रहस्यों से पर्दा उठेगा, हमें निश्चय ही अतिशय आनंद का अनुभव होगा। हमें शायद ही कोई व्यक्ति बुरा लगेगा। लोगों के बारें में (गलत) धारणा बनाने से बचें, कम से कम उसे टालने का प्रयास तो अवश्य ही करें।

यदि आप लोगों के प्रति धारणाएँ बनाने में लगे रहेंगे तो उनसे स्नेह करने का आपके पास समय ही नहीं रहेगा।

—मदर टेरेसा

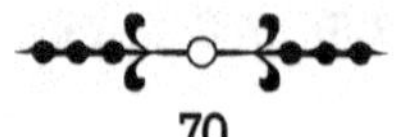

20

जो कुछ भी करें - सर्वश्रेष्ठ बनें

एक होटल में जॉर्ज नाम का एक प्रबंधन प्रशिक्षु (मैनेजमेंट ट्रेनी) था। उसने अपने अंदर दो अच्छी आदतों को विकसित करने का निश्चय किया- पहला होटल उद्योग से जुड़ी तमाम चीजों के बारे में जानकारी एकत्रित करना और दूसरा यह सुनिश्चित करना कि प्रत्येक ग्राहक की माँगों को जल्दी और शिष्टतापूर्वक पूरा किया जाए।

जाड़े की एक ठिठुरती रात थी। एक बुजुर्ग दंपत्ति लॉबी में प्रविष्ट हुए। उस सज्जन पुरुष ने आगे के डेस्क की ओर आकर जॉर्ज से पूछा, "यहाँ पर जितने भी बड़े-बड़े होटल हैं, मैंने सबकी खाक छान मारी। कहीं

भी एक कमरा नहीं मिला जिसमें मैं और मेरी धर्मपत्नी रात्रि विश्राम कर सकें। क्या आप हमें इस होटल में जगह दे सकते हैं?"

जॉर्ज ने उन्हें बताया, "आज की रात इस शहर में तीन बड़े सम्मेलनों का आयोजन हो रहा है। कहीं भी कोई कमरा मिलने से रहा।"

अब जॉर्ज को बुजुर्ग दंपत्तियों के चेहरे पर उड़ रही हवाइयाँ स्पष्ट रूप से दिख रही थी। तभी जॉर्ज को अपने से किया हुआ एक वादा याद आया- ग्राहक की जरूरत सर्वोपरि, बाकी सब बाद में। उसने दरवाजे की तरफ कदम बढ़ा चुके उस दंपत्ति को आवाज लगाई। "महाशय, जरा ठहरिए। यदि आप चाहें तो मेरे कमरे में विश्राम कर सकते हैं। आज की रात मैं उसमें खुद सोने की बजाय, आपको देना चाहूँगा। कृपया मेरा कमरा ले लीजिए। इस अभाव वाली शाम में मैं आप जैसे अच्छे लोगों के लिए बस इतना ही कर सकता हूँ।"

अगले दिन होटल खाली करते समय, उस सज्जन पुरुष ने जॉर्ज से कहा, "नवयुवक! तुम जिस तरह के मैनेजर हो, तुम्हें अमेरिका के सबसे अच्छे होटल का कर्ता-धर्ता होना चाहिए। हो सकता है किसी दिन मैं ही तुम्हारे लिए ऐसा होटल बना दूँ।" उस नवयुवक ने बुजुर्ग दंपत्ती को कृतज्ञता भरी निगाहों से देखा और फिर तीनों ने विदा के समय की मुस्कान को चेहरे पर धारण किया।

कुछ सालों के बाद उसी सज्जन का एक पत्र मैनेजर को मिला। उस पत्र में जॉर्ज से अनुरोध किया गया था कि न्यूयॉर्क आकर वह उस बुजुर्ग से मिले। उस पत्र के साथ न्यूयॉर्क जाने-आने के टिकट भी थे। जॉर्ज ने तुरंत ही न्यूयॉर्क जाने की तैयारी शुरू कर दी। जब वह वहाँ पहुँचा, एक रात के लिए उसका मेहमान रह चुके उस अनुभवी व्यक्ति ने उससे होटल व्यवसाय से संबंधित बहुत सारे प्रश्न किए। अपने प्रश्नों का संतोषप्रद उत्तर पाने के पश्चात् वह व्यक्ति जॉर्ज को 5वें एवेन्यू, 34वीं गली ले गया और

फिर लाल पत्थर से बनी एक विशालकाय और भव्य नई इमारत की तरफ इशारा करते हुए बोला, "यही वह होटल है जिसे मैंने तुम्हारे लिए बनाया है। अब इसके प्रबंधन की जिम्मेदारी तुम्हारे हाथों में है।"

जॉर्ज अपनी हँसी रोक नहीं पाया। अपने ठहाकों को विराम देने की कोशिश के बीच वह इतना बोल पाया, "अच्छा लगा आपके मजाक करने का अंदाज़।" हालांकि उस बुजुर्ग व्यक्ति के चेहरे पर भी मुस्कान थी, परंतु वह ठहाका नहीं लगा रहा था। "मैं कोई मजाक नहीं कर रहा, बेटे। यह सही में तुम्हारे लिए ही है। मैंने इसका नाम वालडॉर्फ-एस्टोरिया रखा है, मेरा पारिवारिक नाम।"

वह बुजुर्ग व्यक्ति कोई और नहीं बल्कि विलियम वालडॉर्फ एस्टोर था, अमेरिकन इतिहास के सबसे बड़े धनाढ्य परिवारों में से एक का वारिस। और इस प्रकार वह नवयुवक अपने समय की दुनिया के सबसे बड़े होटल का मैनेजर बनने का गौरव हासिल कर पाया।

अपने कुशल व्यवहार से न केवल हम अपने आसपास के लोगों को खुश रख पाते हैं, बल्कि अपने भविष्य को भी बेहतर बना पाते हैं। अच्छे कार्यों का बीज जो हम आज बोते हैं, आगे चलकर वही पेड़ बनकर हमारे जीवन को छाया प्रदान करता है, उसे बेहतर बनाता है। अपने भविष्य को सँवारने का सबसे सटीक उपाय है अपने वर्तमान को अत्यंत ही आनंदमय बनाना और यह सुनिश्चित करना कि जो भी व्यक्ति हमसे विदा ले वो हमारे बारे में अच्छी सोच और अच्छी धारणा के साथ जाए। बहुत सारे लोग भविष्य की चिंता में अपना वर्तमान बर्बाद कर लेते हैं। आइए, हम अपना वर्तमान आनंदमय बनाएँ, लोगों के सामने अच्छे ढंग से पेश आएँ ताकि हमें भी अपने जीवन में सिर्फ अच्छाईयाँ ही मिले। ठीक ही कहा गया है जैसी करनी वैसी भरनी। जो हम लोगों को देते हैं, वही हमें वापस मिलता है। हम इस संसार को जो देंगे, संसार भी हमें वही सब देगा।

मैं सोया था, जीवन आनंद का सपना देख रहा था। जैसे ही मैं जगा तो लगा कि जीवन तो सेवा का नाम है। मैंने लोगों की सेवाएँ शुरू की, वास्तव में सेवा में ही आनंद था।

-रविन्द्रनाथ टैगोर

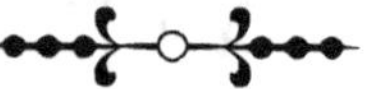

21

सच्ची खुशी का राज

प्रा चीन चीन की कहानी है। एक किसान था। उसके पड़ोस में एक शिकारी रहता था। उसने डरावने और खतरनाक कुत्ते पाल रखे थे। वे अकड़कर किसान के घर का बाड़ा फांद जाते और किसान के मेमने को भयभीत और परेशान कर देते। परेशान किसान बार-बार अपने पड़ोसी से अपने कुत्ते की हरकतों की निगरानी रखने को कहता, लेकिन वह शिकारी अपने पड़ोसी की बात को एक कान से सुनता और दूसरे कान से निकाल देता।

एक दिन तो कुछ ज्यादा ही हो गया। कुत्ते बाड़ा फाँदकर किसान के आंगन में आ धमके और वहाँ खेल रहे मेमने को घायल कर दिया। किसान में अब इससे अधिक बर्दाश्त करने की क्षमता शेष नहीं बची थी। उसने तत्काल ही उस शिकारी को बुलाना चाहा, परन्तु यह सोचकर अपना

इरादा बदल दिया कि उससे कुछ कहना और न कहना बिल्कुल बराबर है। उसने तत्काल ही शहर की ओर रुख किया, एक जज से मिलने के लिए। जज के यहाँ पहुँचकर उस क्रोधित किसान ने उन्हें अपनी पूरी व्यथा-कथा सुना दी। जज ने किसान की पूरी बात को बड़े ही ध्यान से सुना और फिर बोला, "मैं उस शिकारी को दंडित कर सकता हूँ और उसे अपने आवारा कुत्तों को जंजीरों में जकड़ने या बंद पिंजरों में रखने का निर्देश दे सकता हूँ। लेकिन मेरे द्वारा ये सब करने से तुम एक मित्र खो दोगे और एक दुश्मन पाल लोगे। अब इसका निर्णय तुम्हें लेना है कि तुम्हें क्या चाहिए-एक दोस्त, एक पड़ोसी या फिर एक दुश्मन।" किसान ने झट से जवाब दिया-"मुझे तो दोस्त चाहिए।"

"ठीक है, मैं तुम्हें कुछ ऐसा उपाय बताऊँगा जिससे तुम्हारे मेमने भी सुरक्षित रहेंगे, और तुम्हारा ये पड़ोसी भी एक अच्छा दोस्त बन जाएगा।" जज की तरकीब किसान को पसंद आई।

घर पहुँचते ही उसने जज के द्वारा बताई गई योजना पर अमल किया। उसने अपने घर में पल रहे मेमने में से तीन सबसे आकर्षक मेमनों को लिया और उस शिकारी के तीनों बच्चों को उपहार स्वरूप दे दिया। तीनों बच्चों ने मेमनों को सहर्ष स्वीकार कर लिया और जल्द ही वे उनके साथ खेलने लगे। अब शिकारी का इन मेमनों के प्रति रूख बदल चुका था। इनके बच्चों के प्रिय ये मेमने उसे भी प्रिय लगने लगे थे। अब उन मेमनों को अपने खूँखार कुत्तों से बचाने के लिए उसने एक मजबूत व बड़ा बाड़ा (कुत्तों के रहने का घर) बनाया। उसके बाद से उद्दंड कुत्तों ने उसके मेमनों को कभी परेशान नहीं किया।

इतना ही नहीं, किसान के द्वारा बरती गई उदारता से उस शिकारी को कृतज्ञता का इस कदर एहसास हुआ कि वह उसे अक्सर दावतों पर बुलाने लगा। किसान भी बदले में उसे अपने खेत के फल व सब्जियाँ आदि भेंट

करता। इस तरह कुछ ही दिनों में एक दूसरे को फूटी आँखों से भी नहीं सुहाने वाले ये दो पड़ोसी परम मित्र हो गए।

इसमें कतई संदेह नहीं कि "अपने अच्छे व्यवहार और उदारता के बल पर कोई भी व्यक्ति किसी का भी दिल जीत सकता है।" यदि हम वास्तव में अधिक से अधिक धन और खुशी प्राप्त करना चाहते हैं तो हमें नीचे लिखे वाक्य को आत्मसात् करना होगा।

शहद के सहारे अधिक मक्खियों को पकड़ा जा सकता है बजाय सिरके के सहारे।

-अमरीकी कहावत

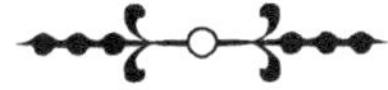

22

आधा अधूरा काम - कैसे मिलेगा इनाम

एक पिता ने अपने किशोर लड़के को बुलाया और कहा, "मैं तुम्हें कुछ काम दे रहा हूँ। ध्यान रहे, काम में मुझे पूरी उत्कृष्टता चाहिए। तुम्हें अपने घर के रेलिंग को उजले रंग से पेन्ट करना है।"

काम सुनकर वह बालक खुशी से उछल पड़ा। उसने जल्द ही अपने पिता से पेंट करने की कला सीख ली। पेंट करना सीखते ही एक पूरा दिन वह पेंट करने में व्यस्त रहा। पेंट का काम पूरा करने के उपरांत वह दौड़कर अपने पिता के पास गया और उन्हें काम पूरा हो जाने की जानकारी दी।

पिता बिना देरी किए अपने पुत्र द्वारा किए गए कार्य का निरीक्षण करने के लिए रेलिंग के नजदीक जा पहुँचे। तभी उन्होंने देखा कि रेलिंग को बाहर से तो पेन्ट कर दिया गया है, परंतु अंदर बिल्कुल छोड़ दिया गया है। उन्होंने तुरंत अपने पुत्र से इसकी वजह जाननी चाही। लड़के का जवाब था, "अपने घर के आगे से गुजरने वाले लोग तो सिर्फ बाहर से ही इसे देख पाएंगे, पिताजी। इसलिए बाहर से पेन्ट करना आवश्यक था, अंदर से नहीं। अंदर से इसे कौन देखेगा?"

इतना सुनते ही पिता का धीमा परंतु स्पष्ट जवाब था, "हम लोग इसे अंदर से देखेंगे, बेटे।"

कितना भावपूर्ण उत्तर, है ना? यही बच्चा आगे चलकर स्टीव जॉब्स बना। अपने पिता पॉल जॉब्स के द्वारा दी गई प्रत्येक सीख को उसने अपने जीवन में पूर्णतया अपनाया।

स्टीव जॉब्स ने एप्पल द्वितीय के मौलिक लॉजिक बोर्ड के आंतरिक डिजाइन को यह कहते हुए अस्वीकार कर दिया था कि "वायर कनेक्शन की रेखाएँ पूर्ण रूप से सीधी नहीं हैं।" जब जॉब्स से अपनी टीम के एक सदस्य ने कहा, "सर, इतना गौर से क्यूँ देखते हैं कि अंदर बनी रेखाएँ पूर्ण रूप से सीधी हैं या नहीं और इतने से कितना फर्क पड़ने वाला है? अंदर का डिजाइन कौन देखेगा?"

इतना सुनते ही स्टीव का स्पष्ट जवाब था, "मुझे इससे फर्क पड़ता है क्योंकि मुझे मालूम है कि ये रेखाएँ सीधी नहीं हैं।"

पूरे विश्व को पता है कि स्टीव जॉब्स ने कम्प्यूटिंग, म्यूजिक, मोबाइल, व एनीमेशन जैसे काफी उद्योगों में अपनी धाक जमायी। स्टीव ये सब कर पाए क्यूंकि उन्हें अपनी सृजनशक्ति पर पूरा भरोसा था और उन्हें अपनी सृजनशक्ति पर शायद इसलिए इतना अधिक भरोसा था क्यूंकि उन्हें

अपने "एप्पल" की विश्वसनीयता पर पूरा भरोसा था। वही एप्पल जिसे उसने बाहर की आँखों से ही नहीं वरन् मन की आँखों से भी देखा था। आइए हम छोटी से छोटी चीजों पर ध्यान दें ताकि बड़ी चीजें बनने में उसे देर न लगे।

कुछ लोग सोचते हैं कि डिज़ाइन का मतलब है कि यह कैसा दिखता है, परंतु वास्तव में यदि आप इसकी तह तक जाएँ तो इसका वास्तविक अर्थ होता है कि यह किस तरह से कार्य करता है।

-स्टीव जॉब्स

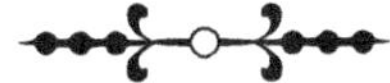

23

पारस पत्थर को पहचानें और पकड़ कर रखें

स दियों पहले की बात है। एक व्यक्ति ने किसी संत की वर्षों सेवा की। संत उस व्यक्ति की निःस्वार्थ सेवा से बहुत ही प्रसन्न था। मृत्यु शैया पर लेटे उस संत ने अपने सेवक से पूछा, "इससे पहले कि मैं अपना शरीर छोड़ूँ मैं तुम्हारी इच्छा जानना चाहूँगा। तुम्हें क्या चाहिए?"

चूँकि वह व्यक्ति संत के आशीर्वादों के सकारात्मक प्रभावों का साक्षी था और दूसरों पर इसका क्या जादूई प्रभाव पड़ता है, इससे भी वाकिफ था, अतः उसने संत से अनुरोध किया, "महात्मन्, क्या मैं पारस पत्थर प्राप्त करने का रहस्य जान सकता हूँ?"

पारस पत्थर दिखने में दरअसल एक पत्थर के टुकड़े जैसा ही होता है, परंतु उसका गुण अनमोल होता है। इसके तनिक भर स्पर्श से कोई भी धातु सोने में तब्दील हो जाती है।

अपने निकटतम भक्त के इस प्रश्न के उत्तर में उस संत ने कहा, "पारस पत्थर गर्म होता है, हाथ में लेते ही पता चल जाता है। जिस नदी से तुम मेरे लिए प्रतिदिन जल लाते हो उसी नदी के किनारे भी एक पारस है।"

उस भक्त को कठिन परिश्रम, फोकस और अनवरत प्रयास की शक्ति का एहसास था। इसलिए उसने अपनी सब संपत्तियाँ बेची, कुछ जरूरी सामग्री जुटाई और फिर अपने जीवन के सबसे बड़े प्रोजेक्ट को पूरा करने में अपना सारा समय लगाने का निर्णय लिया। उसने उस नदी के किनारे पड़े पत्थरों की जाँच शुरू कर दी।

उसे मालूम था कि यदि वह साधारण ठंडे पत्थरों को उठाता है और उन्हें उपयोगी ना समझकर वहीं फेंक देता है तो संभव है कि एक ही पत्थर उसके हाथ में बार-बार आए। इसलिए उसने सभी ठंडे पत्थरों को नदी में फेंक देने का मन बनाया। ऐसा सोचकर उसने एक पत्थर उठाया, उसे अपने हाथ में महसूस किया, और फिर उसे ठंडा जान कर नदी में फेंक दिया। ऐसे ही वो पूरा दिन पत्थरों को उठाता गया, उन्हें हाथ में लेकर उनकी उष्णता का हिसाब लगाता गया, और फिर नदी में फेंकता गया। देर शाम तक एक भी पत्थर उसे ऐसा नहीं मिला जिससे कि उसके पारस होने का कुछ आभास हो सके।

दिन सप्ताह में तब्दील होते गए और सप्ताह महीनों में। उस भक्त की यही दिनचर्या चलती गई। एक दिन दोपहर के आस पास उसे एक पत्थर मिला। इससे पहले कि उसकी ज्ञानेंद्रियाँ मस्तिष्क को यह संदेश पहुँचा पाती कि यह गर्म है, इसे रख लो, मत फेंकों, शायद यही वो पत्थर

है जिसकी तुम महीनों से सब कुछ छोड़कर तलाश कर रहे हो, वह उस पत्थर को भी हमेशा की तरह नदी में फेंक चुका था। पत्थरों को नदी में फेंकने के उतावलेपन में वह भूल गया कि किस पत्थर को फेंकना है और किसे नहीं। पत्थरों को जल्द से जल्द नदी में फेंकने की बैचेनी ने उसे विचारशून्य बना दिया था।

ऐसा ही कुछ हाल हमारे जीवन में मिल रहे अवसरों के साथ भी होता है। जब तक हम अपनी आँख और कान पूरी तरह खोले नहीं रहते तब तक हमें पारस का पता नहीं चलता, हम तो बस उन अवसरों को नदी में बहाने (व्यर्थ गँवाने) के लिए बेहाल रहते हैं। वास्तव में प्रत्येक दिन ही एक अवसर है जिसका उपयोग हम इस विश्व को एक सुंदर जगह बनाने के लिए कर सकते हैं।

इस कहानी में साधारण और ठंडे पत्थर के टुकड़ों को गर्म और उपयोगी पारस में भले ही नहीं बदला जा सकता था परंतु हमारे जीवन के प्रत्येक दिन को पूरे विश्व की बेहतरी के लिए जरूर उपयोगी दिनों में परिवर्तित किया जा सकता है। प्रत्येक साधारण से प्रतीत होने वाले दिन को पारस सा उपयोगी बनाने का एक ही मंत्र है, "बिना भूत और भविष्य की परवाह किए वर्तमान पर ध्यान केंद्रित करना, अपने कार्य से प्रेम करना और अपने आस-पास के व्यक्तियों से तहे दिल से मिलना और उनसे मित्रवत् व्यवहार करना।"

किसी अवसर को देखना और उसका अपने जीवन में उपयोग कर जीवन को बेहतर बना लेने में बहुत बड़ा अंतर होता है।

-*जिम मूर*

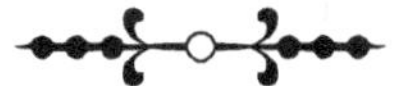

24

आत्मविश्वास ही
सफलता का मूल मंत्र

एक व्यापारी था। उस पर बहुत सारा कर्ज हो गया था। कर्जदार उससे अपना पैसा वापस लेने के लिए उसके घर तक जा धमकते और फिर उसे खरी-खोटी सुनाते। जिन लोगों से उसने उधार पर सामान उठाया था वो भी अब उससे अपना बकाया मांगने लगे थे। उससे अब अपने कर्मचारियों का वेतन नहीं दिया जा रहा था। यहाँ तक कि गोदाम आदि का किराया देने के लिए भी उसको मुश्किल हो रही थी। क्या करूँ? कहाँ

जाऊँ? क्या ऐसे ही चलती रहेगी मेरी जिंदगी? काश कोई मिल जाए जो मेरी कंपनी को कंगाल होने से बचा ले, इसी उधेड़बुन में वह एक दिन अपना सर पकड़े किसी पार्क में एक बेंच पर बैठा था। तभी अचानक उसके पास एक बुजुर्ग व्यक्ति आ गया। उसने विश्वास भरे अंदाज में उस व्यापारी से कहा, "तुम्हारे चेहरे पर मुझे निराशा और आशंका की लकीरें स्पष्ट दिखाई दे रही हैं। क्या तुम मुझे मेरी उम्र पर ऐतबार कर कुछ बताना चाहोगे? यकीन मानिये इससे तुम्हारा दुःख कम होगा।"

दुर्भाग्य के निष्ठुर हाथों से लूटे गए उस कारोबारी को उस बुजुर्ग की आँखों में उसके लिए सहानुभूति और आशा की कुछ किरणें नजर आयीं। उसने तत्काल ही अपनी दुःख भरी कहानी उसे बतानी आरंभ कर दी। उस बुजुर्ग ने व्यापार के घाटे की मार झेल रहे उस युवक की बातों को शुरू से अंत तक ध्यानपूर्वक सुना, फिर उसकी डबडबाती आँखों को सहानुभूति से देखते हुए उसके कंधे पर प्यार से हाथ फेरते हुए बोला, "शायद मैं तुम्हारी कुछ मदद कर पाऊँ। नाम क्या बताया था तुमने अपना?"

और फिर उस बुजुर्ग ने अपने पास से एक चेकबुक निकाली, उस पर उस युवक का नाम लिखा, उसमें कुछ राशि भरी और फिर उस व्यथित नौजवान को थमाते हुए बोला, "यह रख लो, ठीक एक वर्ष बाद तुम यहीं मुझसे मिलना। मैं तब तुमसे अपने पैसे वापस ले लूँगा।" कारोबारी ने दोनों हाथों से उस चेक को थामा। शायद उसके लिए इस समय चेक से बड़ी कोई चीज नहीं थी। उसने तत्काल ही उस पर लिखी धनराशि देखने के लिए उसे खोला। धनराशि देखते ही वह अवाक् रह गया। अरे...5 लाख डॉलर, सही में कितने 0 हैं... जरा फिर से देखूँ, इकाई, दहाई...लाख...हाँ लाख ही तो हैं...5 लाख डॉलर। इतना...मेरे लिए...वो भी एक अन्जान पार्क में घूमता हुआ व्यक्ति। फिर उसने उस बुजुर्ग के प्रति

कृतज्ञता जाहिर करनी चाही। परंतु वह जिस तेजी से वहाँ आया था, उसी तेजी से वहाँ से जा चुका था।

उसके लिए यह सब कुछ किसी सपने में होने के एहसास-सा था। दिल की गहराइयों से उसने मन ही मन उस बुजुर्ग को धन्यवाद किया और फिर वहाँ से तत्काल ही अपने घर निकल पड़ा। रास्ते में उसने फिर एक बार उस चेक को खोला। चेक देने वाले का नाम पढ़ना चाहा। उस चेक पर विश्व के उस समय के सबसे धनी व्यक्ति जॉन डी. रॉकफैलर के दस्तखत थे। अब उसे यकीन हो चला था कि उसकी सारी समस्याएँ इस चेक पर पड़ी धनराशि से दूर हो जाएँगी। घर पहुँचकर उसने सोचा, "अब मेरे पास इतना डॉलर आ चुका है कि मुझे अपने देनदारों का कोई डर नहीं, क्यूँ ना मैं इसे तब तक बैंक में न भेजूँ, जब तक कि इसकी नितांत आवश्यकता मुझे महसूस नहीं होती"।

ऐसा सोचकर उसने उस चेक को सावधानी से अपने सेफ में सुरक्षित रख लिया। चिंताओं को दूर करने वाले इस चेक को पाकर उसके अंदर अप्रतिम आत्मविश्वास आ चुका था। उसे ना तो अब देनदारों की चिंता थी, ना ही कारोबार खत्म होने का भय। उसके अंदर अब रहस्यात्मक अनुभूतियों का संचार हो रहा था जो उसे नित्य नई ऊँचाई छूने को प्रेरित कर रही थीं। अब उसे समस्या नहीं, साकार होते सपने दिख रहे थे, दुर्गम रास्ते नहीं, प्रतियोगियों से आगे निकल जाने की क्षमता नजर आने लगी थी। महज कुछ ही महीनों में उसने अपने देनदारों का मुँह बंद कर दिया, सामान देने वालों का कर्ज़ सूद समेत वापस कर दिया और बड़े व्यवसायियों से भी डील पक्की की। देखते ही देखते वह अपने लिए अच्छे दिन वापस लाने में सफल हो गया।

ठीक एक वर्ष के उपरांत, वह उसी चेक के साथ पार्क में वापस आया। उसी दिन वह बुजुर्ग व्यक्ति भी पार्क पहुँचा। परंतु जैसे ही वह

व्यापारी उस बुजुर्ग को धन्यवाद के साथ चेक वापस करने के लिए उसकी तरफ बढ़ा, एक नर्स दौड़ी-भागी उस बुजुर्ग के पास आ पहुँची और उसे पीछे से लपक लिया।

"आखिरकार पकड़ ही लिया!" वह नर्स अपनी तेज हो चुकी साँसों को नियमित करने की कोशिश करते हुए बोली "मैं उम्मीद करती हूँ कि इन्होंने आपको ज्यादा तंग नहीं किया होगा। ये अक्सर वृद्धाश्रम से भाग जाते हैं और लोगों को जॉन डी. रॉकफेलर के नाम का चेक बाँटते रहते हैं।

और फिर वह नर्स उस वृद्ध को अपने हाथों से जकड़े वहाँ से चल दी।

अपने आपको संभाल चुके उस व्यवसायी के लिए यह उससे भी अधिक चौंकाने वाला पार्क का अनुभव था। उसने अपने आपसे कहा, "जो था नहीं उस पर विश्वास किया, जो था, उस पर यकीन नहीं था। इतने दिनों से कागज के एक टुकड़े को सत्य मानता रहा, और अपनी खुद की काबिलियत पर शक करता रहा। याद रखूँगा इस दिन को और जीवन में हमेशा उस वृद्ध के प्रति कृतज्ञ रहूँगा।" फिर वह अपनी व्यस्त दिनचर्या की वजह से वहाँ से चलता बना। लेकिन बहुत बड़ी सीख के साथ।

निश्चित तौर पर किसी भी छोटे या बड़े काम को पूरा कर पाने के लिए भरोसेमंद दोस्त का होना आपके लिए बेहद आवश्यक है। हमें ऐसे लोगों के साथ अपना अधिक से अधिक समय बिताना चाहिए, उन्हें अपना दोस्त बनाना चाहिए जो हमारे सपनों को ऊँची उड़ान दे सकें, कठिन परिस्थितियों में हमारे साथ खड़े दिखें और हमें हमेशा भरोसा दिलाते रहें, "तुम कर्त्तव्य पथ पर आगे बढ़ते हुए अपने सपने को साकार करने में लगे रहो। यदि इसके लिए तुम्हें हमारी जरूरत हो, तुम जब भी पुकारोगे, हमें अपने साथ पाओगे।" मित्रों व संबंधियों का ऐसा आश्वासन बहुमूल्य है।

ऐसे दोस्तों की तलाश करने से भी अधिक महत्त्वपूर्ण प्रश्न जो हम सब अपने आपसे पूछ सकते हैं वह है, "क्या हमारे मित्रगण और हमारे परिवार जन हम पर भरोसा कर सकते हैं? क्या हम इस लायक हैं कि लोग आवश्यकता पड़ने पर बेझिझक हमसे संपर्क कर सकें? हम विषम परिस्थितियों में उनके काम आ सकें, इसके लिए हम क्या कर रहे हैं? क्या लोगों के चेहरे पर खुशी वापस लाने से अधिक प्रसन्नता का क्षण कोई हो सकता है? आइए, हम कुछ ऐसा करने का प्रण लें जिससे लोगों के जीवन में मौजूद अंधकार छँटे और उषाकाल आरंभ हो।

जितना अधिक संभव हो हम लोगों की आर्थिक मदद करें, कुछ समय निकाल कर उन लोगों की सेवा करें जिन्हें हमारी सेवा की आवश्यकता है, लोगों से अपने सफल और असफल प्रयासों का वर्णन करें जिनसे हमें सफलता या सीख मिली। अगर ऐसा कुछ भी कर पाने में हम अपने आपको सहज महसूस ना करें तो फिर किसी को प्रोत्साहित करने वाली कोई प्रेरक उक्ति ही बोल दें। आइए, किसी को आगे बढ़ने में मदद करने का प्रण लें, खुशी मिलेगी ही मिलेगी।

नसीहत से कहीं अच्छा परिणाम प्रोत्साहन में देखने को मिलता है।

-गेटे

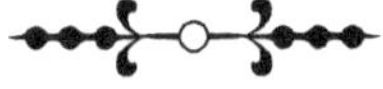

25

ईमानदार बनें - खुश रहें

एक छोटा लड़का अपनी एक दोस्त के साथ खेल रहा था। लड़के के पास बहुत सारी गुड़ियाएँ (डॉल्स) थीं और लड़की के पास बहुत सारी चॉकलेट। लड़के ने उससे कहा, "मैं तुमको ये सारी डॉल्स दे दूँगा, क्या तुम मुझे ये सारी चॉकलेट दे दोगी?"

"हाँ, क्यों नहीं", लड़की ने तुरंत ही हामी भर दी।

लड़के ने अपनी सारी डॉल्स दे देने की बात तो की, परंतु उसने रिमोट कंट्रोल से चलने वाली एक सबसे सुंदर डॉल और बाकी कुछ

बेहतरीन डॉल्स को छुपा लिया। परंतु, उस लड़की ने अपने पास से सारी चॉकलेट बेझिझक उस लड़के को थमा दी।

उस रात लड़की आराम से खुशी-खुशी अपने बिस्तर पर जाकर सो गई। परंतु, अपनी ही शर्त से मुकर जाने वाला वह लड़का रातभर करवटें लेता रहा। उसके मन मस्तिष्क में बार-बार एक ही चीज घूम रही थी, "जिस तरह से उसने अपनी बेहतरीन डॉल्स अपने पास ही रख ली, ठीक उसी प्रकार उस लड़की ने भी सबसे स्वादिष्ट और अच्छे ब्रांड की चॉकलेट अपने पास ही रख ली होंगी।"

यदि हम अपने आचरण से ईमानदार नहीं रहें तो हमें हमेशा दूसरे की ईमानदारी पर संदेह होता रहेगा। मित्र ही नहीं, बल्कि ये हमारे घरेलू रिश्तों पर भी लागू होता है। आइए, हम अपने संबंधियों और रिश्तेदारों के प्रति ईमानदार रहें ताकि हम चैन की नींद सो सकें।

अमेरिका के मार्टिन लूथर किंग जूनियर ने कार्य के प्रति पूरी ईमानदारी बरतने की जरूरत को कुछ इन शब्दों में रेखांकित किया है. "यदि किसी व्यक्ति को गलियों की साफ-सफाई करने का काम मिला है तो उसे इस तरह से अपना काम करना चाहिए जिस तरह से माइकल एंजेलो ने पेंटिंग की या बीथोवन ने म्यूजिक की रचना की या फिर शेक्सपीयर ने काव्य लिखा। उसे इस तरह से गलियों की साफ-सफाई करनी चाहिए कि स्वर्ग से सभी देव वहाँ उतर आएँ और फिर एक स्वर में बोल पड़ें, "यहाँ पर एक महान सफाई कर्मचारी रहता है जो अपने काम को पूरी ईमानदारी से करता है।"

संबंध भरोसे की बुनियाद पर बनते हैं। यदि आप इनमें जासूस की भूमिका अदा कर रहे हैं, तो समझ लीजिए यही समय है इस आदत को अलविदा करने का। —अज्ञात

26

कुछ तो लोग कहेंगे-
लोगों का काम है कहना

एक दिन एक पिता अपने पुत्र के साथ गधा लेकर कुछ सामान लाने के उद्देश्य से बाजार की ओर चल पड़ा। पिता उस गधे पर सवार हो गया, जबकि पुत्र पैदल चल रहा था। ये लोग कुछ ही दूरी तय कर पाए थे कि पिता के कानों में लोगों की बातें आनी शुरू हो गई, "क्या दृश्य है! इतना हट्टा-कट्टा व्यक्ति जानवर की सवारी का मज़ा ले रहा है और बेचारे लड़के को पैदल चलना पड़ रहा है।" पिता ने सोचा शायद लोग ठीक कह रहे हैं। उसने पैदल चलना उचित समझा और अपने बेटे को गधे पर बैठ जाने को कहा। कुछ दूर जाते ही फिर उनके कानों में लोगों की राय आने लगी, "कितना अशिष्ट लड़का है। बूढ़े बाप को पैदल चलवा रहा है जबकि खुद जानवर पर बैठकर सैर कर रहा है।"

कुछ समय तक तो पिता और पुत्र ने लोगों की बातों को अनसुना किया, परंतु जब कुछ ज्यादा ही लोगों के ताने उन तक पहुँचे तब पिता और पुत्र दोनों ही गधे की पीठ पर सवार हो गए।

अब शांतिमय सफर की कामना लिए पिता और पुत्र कुछ ही दूर चल पाए थे कि अब एक नई शिकायत उनके कानों में गूँजी, "इतने निर्दयी बाप और बेटे...! देखो कैसे मजे से सवारी कर रहे हैं दोनों। इस बेजुबान की तो आज जान ही निकाल देंगे।" लोगों की बातों को सही समझकर पिता और पुत्र नीचे उतर गए और फिर दोनों ने पैदल ही बाजार का रुख किया।

लेकिन लोगों की नजर में अभी तक दोनों की चरित्र पुस्तिका स्वच्छ नहीं हुई थी। अब लोगों के पास नया ताना था, "कितने मूर्ख हैं ये दोनों! हृष्ट पुष्ट गधा साथ है, फिर भी दोनों ऐसे पद-यात्रा कर रहे हैं जैसे कि कोई मन्नत माँगी हो पैदल चलने की।"

लोगों की हमेशा बदलती हुई अपेक्षाओं को पूरा करने की चाहत में वे अपना ही लक्ष्य हासिल नहीं कर पाए। एक दिन बाद अपने गंतव्य पर पहुँचे। बाजार सिर्फ हफ्ते में एक दिन ही लगता था। वहाँ पर कुछ लोग उन्हें दिखे। वे कहने लगे, "भैया, बाजार तो कल ही लगना था, कल काहे नहीं आए? देखो तो! खुद भी परेशान हुए और साथ ही इस छोटे बच्चे और जानवर को भी बेकार में थका दिया।

इन पिता और पुत्र की तरह, हममें से अधिकांश "लोग क्या कहेंगे," "लोग क्या सोचेंगे," "लोग नाराज न हो जाएँ," इस सिंड्रोम से पीड़ित होते हैं। नतीजतन हम अपनी मंजिल से ही भटक जाते हैं, उसे प्राप्त करने में विफल हो जाते हैं, हम लोगों की आँखों से अपनी मंजिल देखने लगते हैं और परिणामस्वरूप दिग्भ्रमित हो जाते हैं। छोटी-छोटी घटनाएँ और लोगों द्वारा की गई बेसिर-पैर की आलोचना हमारे मन-मस्तिष्क को इस कदर

प्रभावित कर देती है कि फिर हमें अपना लक्ष्य ही धुँधला नजर आने लगता है और हमारी सारी की सारी कार्य -योजना अधूरी रह जाती है। फलस्वरूप, लक्ष्य हमसे काफी आगे निकल जाता है, और रह जाता है तो सिर्फ हाथ मलना और दूसरे को अपनी नाकामयाबी के लिए दोष देना।

आइए, हम प्रण लें कि जब तक हम अपने द्वारा निर्धारित लक्ष्य को हासिल न कर लें तब तक चैन से नहीं बैठेंगे, लोगों की बातों में नहीं आएंगे और दृढ़ निश्चय, कठिन परिश्रम, अनवरत संघर्ष और आत्मविश्वास आदि के बल पर अपने लक्ष्य को हासिल करेंगे, अपने सपने को साकार करेंगे और अपने चाहनेवालों की अपेक्षाओं पर खरे उतरेंगे। "कुछ तो लोग कहेंगे, लोगों का काम है कहना, यही सफलता पाने की और लोगों की थोक के भाव में दी गई नसीहतों को नजरअंदाज करने की सर्वोत्तम रणनीति होगी।"

मुझे सफलता की कुँजी के बारे में नहीं पता, किंतु असफलता की कुँजी का अवश्य मालूम है और वह है सबको खुश करने का प्रयत्न करना।

-*बिल कोस्बी*

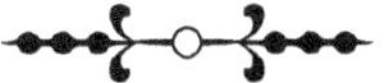

27

कार्य को विस्तार से समझें और मन से करें

श क्ति और साइमन ने एक साथ स्नातक की परीक्षा उत्तीर्ण की और दोनों ने ही एक होलसेल कंपनी में अपना करियर आरंभ किया। दोनों ही मेहनती थे।

कुछ सालों के बाद बॉस ने शक्ति की पदोन्नति कर दी। अब वो वहाँ का सेल्स मैनेजर था। परंतु, साइमन को कोई पदोन्नति नहीं मिली। वह अभी भी सेल्समेन ही था। साइमन अपनी पदोन्नति न होने से बेहद खिन्न और नाराज था। उसे समझ में नहीं आ रहा था कि शक्ति में आखिर ऐसा क्या है जो मुझमें नहीं.. दोनों उम्र में समान, डिग्रियाँ एक जैसी, मेहनत करने में कोई उन्नीस-बीस नहीं। फिर भी इस तरह का भेदभाव

क्यों? अगले ही दिन उसने अपनी नाराजगी जाहिर कर दी। अपने बॉस को उसने अपना इस्तीफा सौंप दिया और साथ ही एक शिकायत भरी चिट्ठी लिख डाली जिसमें उन पर चाटुकरों को इनाम देने और ईमानदारों को दंडित करने का आरोप लगाया।

बॉस ने साइमन की चिट्ठी को बड़े गौर से पढ़ा। फिर शक्ति और उसके बीच के अंतर को स्पष्ट करते हुए उसे शिक्षित करने का मन बनाया। उसने साइमन को अपना इस्तीफा वापस लेने का अनुरोध किया, जिसे साइमन मान गया।

कुछ दिनों पश्चात बॉस ने साइमन को अपने केबिन में बुलाया और बोला, "अभी बाजार जाओ और किसी ऐसे व्यक्ति का पता लगाओ जो तरबूज बेच रहा हो।"

साइमन आँधी की तरह बाजार गया और तूफान की तरह वहाँ से वापस लौट आया। उसने फौरन ही अपने बॉस से मुलाकात की और कहा, "एक है सर, सिर्फ एक। पूरे बाजार में सिर्फ उसके पास ही तरबूज मिला।" बॉस ने उससे तत्काल ही प्रश्न किया, "कितने रुपए किलो बेच रहा था?" साइमन ने उत्तर दिया, "अभी पता कर आते हैं सर।" फिर वह वहाँ से सरपट बाजार की ओर भागा और फिर तुरंत अपने बॉस को रिपोर्ट दी। "20 रुपए किलो बेच रहा है सर, मैंने अच्छे से पता कर लिया है।"

बॉस ने साइमन से कहा, "अब यही काम मैं तुम्हारे दोस्त शक्ति को दूँगा। जब वह मेरे पास आएगा, तब तुम भी आ जाना।"

अब बॉस का यह तरीका साइमन को अजीब लगा लेकिन उत्सुकतावश वह शक्ति के आने की प्रतीक्षा करने लगा। शक्ति के दरवाजे पर आते ही साइमन उसके साथ हो लिया और फिर दोनों एक ही साथ अपने बॉस के केबिन में प्रविष्ट हुए।

बॉस ने शक्ति से कहा, "जाओ पता लगाओ बाजार में तरबूज कौन बेच रहा है?" शक्ति बाजार से लौटा और कहना शुरू किया, "पूरे बाजार में सिर्फ एक ही व्यक्ति के पास इस समय तरबूज हैं। 20 रुपए किलो बेच रहा है। 10 किलो लेने वालों को यह 180 रुपए की पड़ेगी। इसके स्टॉक में 340 तरबूज हैं। दुकान के आगे भी उसने 58 तरबूज लगा रखे हैं। प्रत्येक तरबूज का वजन करीब 4 किलो के आसपास है। 2 दिन पहले ही इसे दक्षिण भारत से लाया गया है। तरबूज ताजे, लाल और अच्छी क्वालिटी के हैं। परंतु यदि हम 3 दिन और रूक जाएँ, रविवार की सुबह-सुबह फल मंडी पहुँच जाएँ, तो हम लोग ऐसे ही या इससे भी बढ़िया तरबूज सिर्फ 15 रुपए किलो के भाव से खरीद सकते हैं।"

साइमन शक्ति के इस विस्तारपूर्वक वर्णन करने की क्षमता से काफी प्रभावित हुआ और उसे खुद ही पता चल गया कि उसमें और शक्ति में क्या अंतर है। उसने शक्ति के जैसा काम करने की ठान ली।

निश्चय ही एक अधिक सफल इंसान अधिक चौकस होता है। वह अपने कार्य के बारे में अधिक सोचता है, उस पर गौर करता है, उसकी बारीकियों को समझता है और उसकी तह तक जाता है।

सोचिए! क्या आप में अपने कार्यभार को विस्तार से समझ पाने की योग्यता है? आप कितने विवरण उन्मुख हैं?

बारीकियों में भगवान का निवास होता है।

-लुडविग रोहे

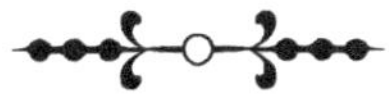

28

टांगे खींचने वालों की संगत को त्याग दीजिए

के कड़े का एक बड़ा व्यापारी था। वह पूरे भारतवर्ष में केकड़े की पेटी भेजा करता था। एक समय पर इसका व्यापार बहुत ही फल-फूल रहा था। परंतु, ऐसे दिन उसे बहुत समय तक नसीब नहीं हुए। धीरे-धीरे उसका कारोबार ढलान पर आने लगा। उसने अपना लाभ ज्यों का त्यों रखने के लिए ऊपरी व्यय में कटौती करने की ठानी। उसने केकड़े के संदूकों को बाँधनेवाले रस्से हटा दिये। जब बिना रस्से वाले केकड़े की पेटी दुकानदारों तक पहुँची तो उन्हें गुस्सा आया। उन लोगों ने उस व्यवसायी से पूछा, "रस्से क्यों हटा दिए बॉक्स से? वे तो होने चाहिए थे।" इस पर व्यवसायी ने झट से जवाब दिया, "आपको मैंने जितने केकड़े भेजने का

वादा किया था, उसमें एक भी कम है क्या?" प्रश्न में ही जवाब छुपा था उस व्यवसायी का। दुकानदार अनुत्तरित रह गये।

अगली बार उसने बॉक्स के ऊपर लगी टेप (पट्टी) भी हटा दी थी। दुकानदारों ने तुरंत ही व्यवसायी को फोन मिलाया और बोल पड़े, "अब आपने टेप भी रख लिया, ऐसा क्यों?" दुकानदारों को डर था शायद कुछ केकड़े बॉक्स से निकल गए होंगे। व्यवसायी का तैयार किया हुआ जवाब था, "केकड़े गिन लो, कम मिले तो जवाबदारी मेरी।" उत्तर सुनकर दुकानदार खामोश हो गये क्योंकि केकड़े उतने ही थे जितने कि उन्होंने ऑर्डर किए थे।

इसी तरह व्यवसायी ने एक पर एक चीजें कम करनी शुरू कर दी। बाहरी और सतही पैकिंग, लिड और भी बहुत कुछ। बल्कि अब तो उसने केकड़ों को ढकने के लिए सिर्फ पतली प्लास्टिक शीट का उपयोग करना शुरू कर दिया था।

इस बार तो कई दुकानदार गुस्से से बिल्कुल ही आग बबूला हो गये। उन्होंने व्यापारी पर चिल्लाते हुए कहा, "तुम्हारी हिम्मत कैसे हुई ढक्कन हटाने की? तुम बिल्कुल लालची हो। इतना भी नहीं जानते कि बिना ढक्कन के कुछ केकड़े बॉक्स से निकल जाते हैं और हमें केकड़े कम मिलते हैं।"

व्यवसायी ने बड़े प्यार से उन क्रोधित दुकानदारों को बोला, "गुस्सा करने से पहले गिनती कर लेते भाई साहब।"

दुकानदारों ने तुरंत ही केकड़ों की गिनती करवाई और फिर हतप्रभ होकर लंबी साँसें लेते हुए बोले, "कृपया हमें बताओ कि बिना रस्सी, ढक्कन और बाहरी एवं सतही पैकिंग के केकड़े भेजते समय तुम इतने

आश्वस्त कैसे हो जाते हो कि कोई भी केकड़ा इतनी लचीली प्लास्टिक की तारों को फांदकर बॉक्स से नहीं निकलेगा।"

व्यवसायी ने कहना शुरू किया, "केकड़ों की एक अलग तरह की ही मानसिकता होती है- जैसे ही एक केकड़ा ऊपर आना चाहता है, दूसरा केकड़ा उसकी टांग खींच लेता है।"

वास्तव में हमारी जिंदगी में भी कुछ ऐसा ही होता है। जब भी हम कभी कुछ अलग करना चाहते हैं या कुछ बड़ा हासिल करने की कार्य योजना बनाते हैं और उसे अपने आस पास के लोगों से साझा करते हैं, लोगों का पहले से ही तैयार किया हुआ जवाब आता है, "अपने काम पर ध्यान दो, खतरे मोल ले रहे हो तुम, समझ लो, कहीं के नहीं रहोगे, यह तुम्हारे लिए नहीं है, तुम इस योग्य नहीं हो, तुम अपने से बड़ों की नकल करना चाहते हो, अरे नकल करो तो अकल के साथ नहीं तो शक्ल बिगड़ जाएगी, यार ये बताओ! तुम बिजनेस बैकग्राउंड के हो?... ये अनाप शनाप योजनाएँ क्यों बनाते हो? और बनाते हो तो बनाओ... मेरा समय क्यों नष्ट करते हो?" ऐसा कहकर परोक्ष रूप से वे उन्हीं केकड़ों की तरह हमारी टांग खींचते रहते हैं, हमें आगे बढ़ने नहीं देते।

इसलिए किसी भी व्यक्ति से सलाह लेने से पूर्व ये सुनिश्चित कर लें कि अमुक व्यक्ति सलाह देने लायक है भी या नहीं। उसने अपनी खुद की जिंदगी में क्या बड़ा हासिल किया है, या ऐसी कौन सी चीज उसमें है जो मुझे इस समय उसकी सलाह मांगने के लिए प्रेरित कर रही है। यदि आपकी खुद की कसौटी पर वे खरा नहीं उतरते तो फिर ऐसे व्यक्ति से मिलने से अच्छा है किसी ऐसे सफल और विचारवान व्यक्ति की तलाश करना जो आपको सही परामर्श दे सके, आपका मार्गदर्शन कर सके।

अपने लक्ष्य को हासिल करने की इस संघर्ष यात्रा में हमें अपनी कार्य-योजना ही नहीं, बल्कि लोगों पर भी ध्यान देना होगा- किन लोगों

को अपनी महत्त्वाकांक्षा के बारे में बताऊँ, किसको कितना बताऊँ, किससे कितनी देर मिलूँ, किससे कितना छुपाऊँ, वगैरह-वगैरह। यदि ऐसा महसूस हो कि सब जगह केकड़े ही केकड़े हैं तो हमें किसी को इतनी भी भनक नहीं लगने देनी चाहिए कि हम इस दलदल से बाहर निकलने की योजना बना रहे हैं। बल्कि, एक ही झटके में उससे बाहर निकल जाना चाहिए।

हमें जो भी खींचना चाहता है इसका मतलब है कि वो खुद ही काफी नीचे है। चुपके से हम ऐसे लोगों का साथ छोड़ें, जीवन में आगे की सोचें और आगे बढ़ें भी।

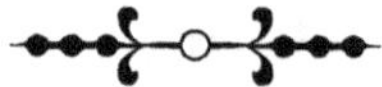

29

मनुष्य की सुंदरता
उसकी वाणी में होती है

एक बार की बात है। एक सौम्य स्वभाव वाला अखबार विक्रेता था। उसकी दुकान पर प्रत्येक दिन एक अभद्र ग्राहक आता था। वह दुकानदार के अभिवादन का जवाब नहीं देता, ढेर से अखबारों को मचोड़ते हुए उठाता, फिर उसमें से एक अखबार लेता और दुकानदार के सामने पैसे फेंक जाता। दुकानदार बिना कुछ जवाब दिए उन गिरे हुए पैसों को उठाता, मुस्कुराता और फिर बड़ी विनम्रता से बोलता, "धन्यवाद, महाशय।"

उस दुकानदार का सहायक काफी दिनों से उन दोनों के व्यवहार को देख रहा था। एक दिन जैसे ही वो अभद्र ग्राहक वहाँ से निकला कि तभी सहायक ने प्रश्न किया, "समझ में नहीं आ रहा! आपके साथ वो व्यक्ति

इस तरह से पेश आ रहा है और आप हैं कि उसके सामने भीगी बिल्ली बने रहते हैं। जैसे वह दुकान पर आता है आप भी समाचार पत्र उसके मुँह पर क्यों नहीं मार देते? कल आप ऐसे ही कीजिएगा, तभी अकल आएगी बुड्ढे को।”

दुकानदार ने मुस्कुराते हुए उत्तर दिया, “जब वो अपनी अशिष्टता नहीं छोड़ पा रहा है तो मैं भला अपनी शिष्टता कैसे छोड़ पाऊँगा? उसकी अशिष्टता में इतनी ताकत नहीं कि मेरी विनम्रता को अशिष्टता में परिवर्तित कर दे।”

वास्तव में बहुत से लोग “जैसे-को-तैसा” सिद्धांत पर चलते हुए अपना स्वभाव खराब कर लेते हैं। हमें दूसरों के स्वभाव से नियंत्रित होने की इस व्यवस्था को बदलना होगा और अपने-अपने आचरण को अडिग रखना सीखना होगा। याद रहे, आपका आचरण तथा आपका व्यवहार आपकी पूँजी हैं, आपके परिवार की पहचान है, आपकी शिक्षा का द्योतक हैं, किसी दूसरे के हाथ में इसका रिमोट कंट्रोल मत दीजिए।

हम सबके हृदय में प्रेम, करुणा, क्षमा, सहानुभूति और संवेदना आदि का भंडार है। नेकी और भद्रता कभी कम या ज्यादा नहीं होती– बस इनका उपयोग कम या ज्यादा हो सकता है। इसलिए जितना भी हो सके सबके प्रति सदाचार रखें। जब भी हम किसी के संपर्क में आएँ, अपने उच्चतम आदर्श उनके सामने प्रस्तुत करें।

याद रखें, किसी के आने से वह जगह दीप्तिमान होती है, वहीं किसी के जाने से। यह अब आप पर है कि आप कब उसे दीप्तिमान करना चाहते हैं। विनम्रता मानवता का पुष्प है, उसे खिलने दीजिए।

मनुष्य की सुंदरता उसकी वाणी में होती है।

-पैगम्बर मुहम्मद

30

सबके साथ अच्छा व्यवहार-
लाए जीवन में बहार

मोहन एक कोल्ड स्टोरेज में गार्ड की हैसियत से नौकरी करता था। उसकी ड्यूटी सुबह 8 से शाम 5.30 बजे तक की होती थी। उसी फैक्टरी में एक इकबाल नाम का कर्मचारी भी था। उसकी भी ड्यूटी का समय वही था। जब भी इकबाल दरवाजे से गुजरता, मोहन से गर्मजोशी से मिलता। अक्सर वह कुछ मिनटों तक मोहन के पास रूकता और उससे वार्तालाप करता। एक भी दिन ऐसा नहीं बीतता जिस दिन इकबाल मोहन को अपनी शुभकामना नहीं देता और उसके कार्यों की सराहना नहीं करता। मोहन को अपनी तारीफ सुनना बहुत ही अच्छा लगता था। रोज सुबह और

शाम मोहन इकबाल का इंतजार करता, इकबाल को सलाम करता और अपनी तारीफों को चाव से सुनता।

धीरे-धीरे मोहन और इकबाल के परिवार भी एक दूसरे को जानने लगे, महत्त्वपूर्ण अवसरों पर एक-दूसरे से मिलने लगे और जल्द ही वे दोनों काफी घनिष्ठ मित्र बन चुके थे।

एक दिन शाम के समय मोहन कोल्ड स्टोरेज के गेट पर अपनी ड्यूटी कर रहा था। कोल्ड स्टोरेज का सायरन बजना शुरू हो गया। 5.30 बज चुके थे। सभी कर्मचारीगण धीरे-धीरे जाने लगे थे। वह अपने दोस्त इकबाल के आने की प्रतीक्षा कर रहा था। शायद कुछ काम रह गया हो, यह सोचकर वह खामोशी से इंतजार करता रहा। तभी उसकी नजर घड़ी पर पड़ी। 5.45 बज चुके थे। मोहन को चिंता हुई। इतनी देर नहीं लग सकती, यह सोचते हुए वह इकबाल की सीट की तरफ बढ़ने लगा। इकबाल के कार्यस्थल पर कोई नहीं था। वह अब परेशान और हैरान हो चुका था। यहाँ से गया नहीं, गेट तक पहुँचा नहीं, ये कैसे संभव है! उसने फौरन ही अपने सहकर्मियों को बताया। दूसरों की मदद से उसने सामने पड़े कई सारे रेफ्रिजरेटर एक-एक कर खोलने आरंभ कर दिए। कई के दरवाजे खोलने के बाद एक में इकबाल अचेत अवस्था में पड़ा मिला। दरअसल हुआ यह था कि काम करते-करते इकबाल एक ऐसे रेफ्रिजरेटर में पहुँच गया था जिसका दरवाजा यांत्रिक गड़बड़ी के चलते अपने आप बंद हो चुका था। उसमें अपने को कैद होता देख इकबाल काफी देर तक उससे बाहर निकलने के लिए मशक्कत करता रहा लेकिन दरवाजा खोल नहीं सका। धीरे-धीरे अंदर की ठंड ने उसे वहीं अचेत कर दिया था।

अपने दोस्त को इस अवस्था में देखकर मोहन की आँखों से आँसू छलक गए। लेकिन उसने तुरंत ही अपनी भावनाओं पर काबू कर अपने सहकर्मियों की मदद से इकबाल को नजदीक के एक अस्पताल में भर्ती

कराया। इकबाल को थोड़ी देर के जरूरी उपचार के बाद अस्पताल से छुट्टी मिल गई। दोनों दोस्त खुशी से झूमते हुए अस्पताल से निकल पड़े।

देखिए, कैसे सामान्य शिष्टाचार और उत्कृष्ट लोकाचार के चलते इकबाल की जान बच गई। अच्छे संबंध वास्तव में सफलता और खुशी की बुनियाद होते हैं। वैसे देखा जाए तो हरेक व्यक्ति के गले के चारों ओर एक अदृश्य पोस्टर चिपका होता है–"मेरी तारीफ करो" का। सभी को प्रशंसा सुनने में अच्छा लगता है। वास्तव में प्रशंसा करने की आदत विकसित कर हम अति महत्त्वपूर्ण संबंध बना सकते हैं। किसी खास उद्देश्य या लाभ प्राप्त करने के लिए संबंधों का निर्माण नहीं होता, इसका तो निर्माण होता है मिलकर किसी की मदद करने के लिए। हर कोई व्यक्ति अपने आपको महत्त्वपूर्ण समझता है, और शायद वो है भी। यदि हम उसे ऐसा एहसास करा रहे हैं तो उस पर कोई मेहरबानी या उसका कोई उपकार नहीं कर रहे हैं।

लोगों की सराहना करने वाले व्यक्ति न केवल उनको प्रसन्न करते हैं जिनकी वे तारीफ करते हैं, बल्कि लोगों की नजर में उनका खुद का कद भी बढ़ जाता है। व्यवहार जिनकी सराहना की जाती है बार-बार दोहराए जाते हैं। और इस तरह से इस व्यवहार से हम किसी व्यक्ति को विशेष बनाते हैं। प्रशंसा वह चीज है जिसकी बच्चे माँग करते हैं और बड़े अपने प्राण न्योछावर करते हैं। अधिकांश समय सच्ची तारीफ पूरी तरह से मुफ्त होती है, परंतु इसका प्रभाव इसे करने वाले और इसे सुनने वाले पर बहुत गहरा पड़ता है।

प्रशंसा एवं प्रोत्साहन की भूमि पर ही अच्छाई की जड़ें गहरी होती हैं।
-दलाई लामा

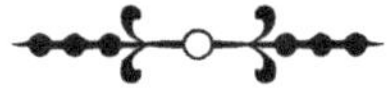

31

अपने काम से पहचान बनाएँ

रा ष्ट्रपति का पद संभालने के पहले दिन अब्राहम लिंकन पहली बार सीनेट (संसद) को संबोधित कर रहे थे। उनके भाषण के बीच ही एक बहुत ही धनाढ्य घराने के कुलीन व्यक्ति अपनी सीट से उठे और बोलने लगे, "श्रीमान् लिंकन, आपको यह भूलना नहीं चाहिए कि आपके पिताजी मेरे परिवार के लिए जूते बनाया करते थे।" और इतना सुनते ही पूरा सीनेट ठहाकों से गूँज गया; सबने सोचा की आज तो नए राष्ट्रपति की किरकिरी हो गई।

परंतु कुछ लोग बिल्कुल ही अलग प्रकृति और मिजाज के होते हैं। लिंकन ने अपने परिवार के ऊपर की गई इस टिप्पणी से तनिक भी विचलित न होते हुए उस कुलीन व्यक्ति की आँखों में आँखें डालते हुए

बोलना शुरू किया, "महाशय, मुझे मालूम है कि मेरे पिताजी आपके परिवार के लिए जूते बनाया करते थे, और शायद यहाँ बैठे हुए लोगों में से केवल आप ही नहीं हैं जिनके परिवार के लोगों ने मेरे पिताजी के बनाए हुए जूते पहने हैं, काफी लोग हैं। उनका काम ही कुछ ऐसा था, उनका हुनर ही कुछ ऐसा था, वे सर्वोपरि थे, बेजोड़ थे। वे एक रचयिता थे। जूते बनाने को वे सिर्फ अपना काम हीं नहीं समझते थे, बल्कि वे अपना पूरा तन-मन उसमें लगा देते थे। यदि आपकी जूते से संबंधित कोई शिकायत है तो आप मुझे बताइए। मुझे भी जूते बनाना आता है। यदि आपकी शिकायत सही निकली तो मैं आपको नए जूते बनाकर दूँगा। परंतु जहाँ तक मुझे ज्ञात है आज तक किसी ने भी मेरे पिता द्वारा निर्मित जूतों में कोई कमी नहीं निकाली है। वास्तव में मेरे पिता अपूर्व बुद्धि वाले व्यक्ति थे। मुझे अपने पिता और उनके हुनर पर गर्व है।"

पूरा सीनेट स्तब्ध था। उनकी समझ में नहीं आ रहा था कि आखिर अब्राहम लिंकन किस तरह के व्यक्तित्व वाले इंसान हैं। लिंकन इसलिए गौरवान्वित महसूस कर रहे थे क्योंकि उनके पिता ने अपना काम बखूबी किया था और उनके काम में कोई एक भी दोष या खोट नहीं निकाल पाया था। जूते बनाना उनके लिए छोटा काम नहीं था। हाँ, कोई काम छोटा या बड़ा होता भी नहीं बल्कि हमारा नजरिया ही काम को छोटा या बड़ा बनाता है।

याद रखिए, "कोई भी व्यक्ति तब तक आपकी भावनाओं को ठेस नहीं पहुँचा सकता जब तक कि आप खुद इसकी इजाजत न दें। जो कुछ घटित होता है, वो हमें आहत नहीं करता, बल्कि उस घटना के प्रति हमारा कैसा रवैया रहता है, कैसे हम उस पर अपनी प्रतिक्रिया देते हैं, वो हम पर असर करता है।"

आइए, हम लोग अच्छे से अच्छा करने का प्रण लें और अपने काम के प्रति गौरवान्वित महसूस करें। हम अपने भाग्य के विधाता खुद बनें और अपनी वाणी में महारत हासिल करें।

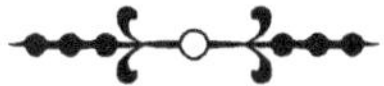

32

सोच बदलें - दिन बदलेंगे

एक प्रतिभावान्, आध्यात्मिक प्रवृत्ति का युवक जेन पर संवाद करने के लिए एक मशहूर जेन मास्टर से मिलने के लिए पहुँचा। वे एक साधारण से घर में रहते थे। घर के दरवाजे पर पहुँचकर उस युवक ने घंटी बजाई और उस जेन मास्टर के आने की प्रतीक्षा करने लगा। कुछ समय के उपरांत उसे अपनी तरफ बढ़ते हुए कदमों की आहट सुनाई दी। जैसे ही दरवाजा खुला, सामने वही थे जिनकी वह युवक प्रतीक्षा कर रहा था और जिनसे मिलने की इच्छा उसे वर्षों से हो रही थी।

उस पुण्यात्मा ने ज्ञान पिपासु युवक को प्यार भरी नजरों से देखा और कहा, "भोजन का समय है, आ जाओ, हम दोनों भोजन की मेज पर ही

धर्म चर्चा करेंगे।" जेन मास्टर को अत्यंत साधारण सी वेशभूषा में पाकर वह युवक थोड़ा खिन्न सा हुआ।

दोनों की मुलाकात फिर भोजन की मेज पर हुई। उसने बिना समय गँवाए उनसे अपेक्षिक तर्कशास्त्र पर प्रश्न पूछना शुरू कर दिया। वह धर्मनिष्ठ उसके प्रत्येक प्रश्न को बड़े ही गौर से सुनता गया और उन सबके संक्षिप्त उत्तर देता गया।

परंतु जेन मास्टर के उत्तर से वह युवक संतुष्ट नहीं हो पा रहा था। जेन मास्टर ने उसके चेहरे पर मंडरा रही आशंकाओं के बादल को भाँप लिया। वे तत्काल ही उसकी तरफ प्रसन्नतापूर्वक देखने लगे। वह युवक अब क्रोधित हो चुका था। गुस्से से अपनी आँखें लाल-पीली करता हुआ बोलने लगा, "मैं इतनी दूर से यहाँ पर भोजन करने के उद्देश्य से नहीं आया हूँ। यहाँ पर मैं जेन का महत्त्व समझने के लिए आया हूँ, उसकी बारीकियाँ जानने के लिए आया हूँ। परंतु, ऐसा प्रतीत होता है कि आपके पास मुझे बताने लायक कुछ भी नहीं है। अगर मैं सच कहूँ, तो इतनी देर में मुझे आपसे कुछ भी, सीखने को नहीं मिला है।"

इतना सुनकर बौद्ध धर्मात्मा ने उसे बड़े ही शांत चित्त से कहा, "चाय पिओगे?"

युवक ने अपने आपको संभालते हुए कहा, "जी।"

जेन मास्टर का सेवक दो खाली कप तथा एक चाय की केतली ले आया।

उस युवक ने चाय की प्याली पकड़ी। जेन मास्टर ने चाय डालनी शुरू कर दी। कुछ ही पल में चाय का पूरा प्याला भर गया और चाय नीचे छलकने लगी। चाय को गिरते देख वह युवक फिर चिल्लाया, "अरे अब कहाँ डाल रहे हैं, जगह ही नहीं है। चाय बाहर बह रही है।"

जेन मास्टर रूक गए, मुस्कुराए और फिर कहना आरंभ किया, "हाँ, सही कह रहे हो, अब इसमें चाय नहीं आ सकती। और चाय डालने के लिए पहले इस कप को खाली करना होगा। मनुष्य का दिमाग इस चाय की प्याली की तरह है। एक ऐसा दिमाग जिसमें संकीर्ण सोच ने घर कर रखा है, नए विचारों को आश्रय मिल पाना उतना ही असंभव है जितना कि भर चुकी इस प्याली में और चाय का समावेश करना। जब तक आपका दिमाग संकीर्ण सोच से छुटकारा नहीं पा लेता, मेरी बातें और साधारण जीवन आपको बकवास ही लगेगा, इससे अधिक कुछ नहीं।"

हमें सतत् सीखने वाला व्यक्ति बनना चाहिए, पुराने विचारों को नवीन करते रहना चाहिए, तभी हम जहाँ कहीं भी जाएंगे, ढ़ेर सारा ज्ञान अर्जन कर पाएंगे। जिज्ञासु लोग ही ज्ञानवान कहलाते हैं, ज्ञान का दंभ भरने वाले नहीं। आज का समय सीखने और उसे नवीनतम बनाए रखने का है। किसी छोटी या बड़ी सफलता से संतुष्ट हो जाने वाला व्यक्ति कभी भी दूसरों के लिए प्रेरणास्रोत नहीं बन सकता। हमें अपने आत्मज्ञान रुपी कप के प्याले को नियमित रूप से खाली करते रहना होगा ताकि नए विचारों और ज्ञान का उसमें समावेश हो सके।

अपने ज्ञान रूपी प्याले को खाली रखो ताकि यह फिर से भरा जा सके खालीपन ही संपूर्णता की नींव है।

-ब्रूस ली

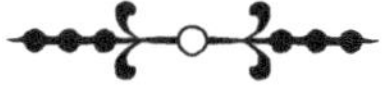

33

विपरीत परिस्थिति में धैर्य, संयम और अक्लमंदी से काम लें

एक धनवान व्यक्ति ने अफ्रीका के जंगलों में शिकारयात्रा करने का मन बनाया। वह अपने साथ अपना वफादार कुत्ता भी ले गया। जंगल पहुँचकर वह कुत्ता काफी खुश था। उसे नई-नई चीजें देखने को मिल रही थी, जगह-जगह पड़ी हड्डियों को वह पूरे चाव से देख रहा था, वाकई काफी खूबसूरत थी उसके लिए यह जगह। एक दिन वह कुत्ता कुछ तितलियों के पीछे दौड़ने में इतना मशगूल हो गया कि रास्ता ही भटक गया। जल्दी ही उसने महसूस किया कि वह अपने मालिक से बिछड़ चुका है। वह जंगल में ही अब दर-दर की खाक छानने लगा था। इधर-उधर घूमते हुए उसे एक दिन एक चीता नजर आया। वह उसकी तरफ तेजी से आ रहा था। कुत्ते को उस चीते का इरादा भाँपने में देर न लगी। अपनी जान पर संकट के बादल अब उसे स्पष्ट दिखाई दे रहे थे। तभी उसे

जमीन पर बिखरी कुछ हड्डियाँ दिखाई पड़ी। वह तुरंत ही चीते की तरफ पीठ करके बैठ गया और उन हड्डियों को चाव से चबाने लगा।

चीता कुत्ते पर झपटने ही वाला था कि कुत्ता अतिशय आनंद में ऊँची आवाज में बोल पड़ा, "अरे वाह, इतनी स्वादिष्ट चीते की हड्डियाँ! मैं यह जानने के लिए उत्सुक हूँ कि क्या यहाँ पर कोई और भी चीता है।"

इतना सुनते ही चीता ठिठक गया। कुत्ते को खा जाने का मन बना चुका वह चीता खुद ही आतंकित हो गया था। वह तुरंत ही वहाँ से चलता बना। "ओह!" उस चीते के मुँह से निकल गया। मौत के बिल्कुल करीब था मैं तो। अगर मैंने जल्द ही फुर्ती नहीं दिखाई होती तो आज वह कुत्ता मेरा काम तमाम कर चुका होता।"

सामने एक पेड़ की डाली पर बैठा बंदर यह सब कुछ देख रहा था। उस बंदर ने इस घटना को अपने फायदे के लिए उपयोग करने की ठानी। वह तुरंत ही पेड़ से नीचे उतरा और उस चीते को ढूँढ़ने चल पड़ा। अपनी जान बचाने के लिए चाल चलने वाले उस कुत्ते ने उस बंदर को तेजी से चीते की तरफ जाते देखा। अब उसे फिर से किसी अनिष्ट की आशंका सताने लगी थी।

चीते को देखते ही वह बंदर खुशी से उछल पड़ा और दुआ सलाम करने के बाद उससे कहने लगा, "हुजूर आपसे ये उम्मीद नहीं थी।"

अभी तक डर के साये में जी रहा चीता विस्मित होकर बोला, "उम्मीद, कैसी उम्मीद?"

बंदर उस समय अपने आपको दुनिया का सबसे बुद्धिमान जानवर समझने लगा था। उसने उस चीते को ज्ञान देना शुरू किया, "हुजूर, पूरे जंगल की खबर रखता है ये नाचीज। अभी कुछ ही देर पहले जो कुछ इन

आँखों ने देखा है, कसम आपकी यकीन करना मुश्किल हो गया है। इसलिए सारे जरूरी काम-काज पेड़ पर ही छोड़कर सीधा आपके सामने आ पहुँचा हूँ।"

चीते को अब उस बंदर की बातों की पृष्ठभूमि साफ नजर आने लगी थी। फिर भी उसने अंजान बनने का अभिनय किया।

बंदर ने उसके चेहरे की तरफ देखा और फिर बोलना शुरू किया, "कोई बात नहीं सरकार। आप थक गए होंगे, अभी आपका कुछ कहने का मन नहीं करता होगा। मुझसे सुन लीजिए... आखिर मैं किस दिन काम आऊँगा।" उसने किसी दरबारी की भाँति बोलना शुरू कर दिया, "हुजूर, मेरे बाप-दादे ने भी शायद किसी चीते को इतना डरा हुआ नहीं देखा होगा, और वो भी एक कुत्ते के सामने।"

इतना सुनकर चीते का पारा सातवें आसमान पर चला गया, "क्या कहते हो? कुत्ता.." फिर से बोलो!

"हुजूर कुत्ता, आपने ठीक सुना है, दर-दर हड्डियों को सूँघने वाला और आप जैसे जानवरों के रहमोकरम पर पलने वाला, महज एक कुत्ता।"

"अरे... भारी भूल हो गई मुझसे.. अब बस... अब तुम्हें कुछ भी बोलने की आवश्यकता नहीं है। अब तुम देखते जाओ, उस कुत्ते का मैं क्या हाल करता हूँ।"

बंदर ने उस चीते को बीच में ही टोकते हुए कहा, "हुजूर, और इतनी महत्त्वपूर्ण जानकारी देने के लिए मुझे क्या मिलेगा?"

चीते ने मुस्कुराकर जवाब दिया, "इस इलाके में तुम पूरी तरह सुरक्षित हो।"

खुशी से उछलकर वह चीते की पीठ पर चढ़ गया और फिर दोनों निकल चले उस छलावी कुत्ते की तरफ। चीते की पीठ पर बैठे उस बंदर

को देख अब उस कुत्ते को तनिक भी संदेह नहीं रहा कि दोनों के बीच डील पक्की हो चुकी है और अब एक मुझे मार डालना चाहता है और दूसरा मेरी मौत पर जश्न मनाने के लिए आ रहा है।

"अब क्या करें?", यही प्रश्न उसके मन में बार-बार आ रहा था। लेकिन उसने हिम्मत हारने और अपने आपको चीते के हवाले करने की बजाय वहीं पर डटे रहने का प्रण किया। उसे तुरंत ही एक तरकीब सूझी। वह उन दोनों की ओर अपनी पीठ करके बैठ गया मानो कि वह इन सबसे बेखबर है।

जैसे ही दोनों इतने करीब आ गए कि वे कुत्ते के द्वारा कही गयी बातों को सुन पाते, तभी कुत्ते ने एक चाल चली। वह परेशानी भरे भावों से बोलने लगा, "कहाँ मर गया, यह बंदर भी ना! अब उस पर से मेरा भरोसा उठ गया। आधा घंटा हो गया जब से मैंने उसको चीता लाने के लिए बोला है, पर अभी तक वह नदारद है।"

इतना सुनते ही चीते के पाव तले से जमीन खिसक गई। उसने बंदर को वहीं पटक दिया और वहाँ से कन्नी काट ली।

हमारे जीवन में चाहे कैसी भी परिस्थिति क्यों न हो, यदि हम धैर्य और संयम के साथ उसका मुकाबला करें तो हम उसका सामना सफलतापूर्वक कर सकते हैं।

जीवन में आने वाली चुनौतियों तथा परिस्थितियों पर हमें सोचने और कर्म करने के लिए सदैव तैयार रहने की आवश्यकता है।

एक कर्मयोगी की तरह सोचो, एक विचारवान की तरह कर्म करो।

-हेनरी बर्गसन

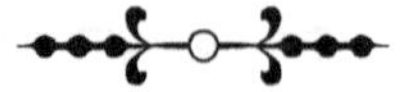

34

सही रास्तों का चयन करें

दोस्तों की एक टोली हर साल जुलाई के महीने में उत्तरी कनाडा के जंगलों में शिकार यात्रा पर जाया करती थी। उन जगहों में आमतौर पर वाहनों की कोई खास आवाजाही नहीं होती थी। जुलाई के महीने में धूल भरे रास्ते दलदली हो जाते थे और जैसे ही गाड़ियाँ उन पर से गुजरती थी, बरसात के चलते सड़कों पर गीली मिट्टी की गहरी खाईयाँ बन जाया करती थी। गरमी का मौसम आते-आते गीली मिट्टी की लकीर एक फुट तक गहरी हो जाया करती थी। और लंबी सर्दियों का मौसम आने तक ये गीली मिट्टी जम कर ऐसे हो जाती मानो सीमेंट की ढेर हों। मुख्य सड़क के पीछे की सड़कों में तो गीली मिट्टी की इतनी गहरी और इतनी दूर तक लकीरें बन जाती कि सड़क सुरक्षा में तैनात कर्मचारियों को इन सड़कों के प्रारंभिक स्थल में ही सूचनापट्ट पर लिखना होता, "ड्राइवर

कृपया ध्यान दें! इन रास्तों पर गाड़ी चलाने से पहले कृपया सावधान हो जाएँ कि आपके लिए कौन सा रास्ता ठीक रहेगा क्योंकि आगे 35 किलोमीटर तक आपको इसी पर चलना होगा।”

हमारा स्वभाव भी कुछ पहिए से बने मार्गों जैसा ही है। इसमें जाना आसान है, परंतु इससे निकलना कठिन है। सारा खेल सही निर्णय का है। किसी चीज की आदत डालने से पहले ही सावधानी बरतने की आवश्यकता है। क्योंकि एक बार जब किसी चीज की आदत पड़ जाए तो फिर उसे बदलना मुश्किल हो जाता है। अच्छी आदत डालने में बहुत परिश्रम लगता है। साथ ही इसके लिए अपनी इच्छाओं, स्वार्थ, सुविधा आदि की भी बलि देनी होती है। परंतु यदि हम ऐसा करने में सफल हो जाएँ तो फिर वह हमारे व्यक्तित्व का भाग या हिस्सा हो जाता है।

कोई भी आदत विकसित करने से पूर्व, हमें उस आदत विशेष के प्रभावों का समुचित मूल्यांकन करना चाहिए।

ऐसा इसलिए अत्यावश्यक है क्योंकि एक बार जब हमारी कोई “खास आदत” बन जाती है तो फिर वही हमें बनाती या बिगाड़ती है।

हमारे अंदर गलत आदतों से छुटकारा पाने की भी शक्तियाँ मौजूद हैं। जिस प्रक्रिया का पालन हम नई आदतें विकसित करने के लिए करते हैं, वही प्रक्रिया पुरानी गलत आदतों से छुटकारा पाने के लिए भी अपनाई जाती है। देखा जाए तो पुरानी गलत आदत से छुटकारा पाना वास्तव में नई आदत विकसित करने जैसा ही है क्योंकि इस प्रक्रिया में हम नई आदतों को विकसित कर पुरानी आदतों को दबा देते हैं। किसी भी आदत को छोड़ने या उसे विकसित करने के लिए 21 दिनों की एक प्रक्रिया होती है। परंतु इसमें महत्त्वपूर्ण यह है कि यदि एक दिन के लिए भी इस प्रक्रिया में किसी तरह की ढील या बाधा हो जाए, तो फिर वह अभी तक के प्रयासों को नष्ट कर देती है। फिर से वही प्रक्रिया आरंभ करनी होती है। तो हम

फिर क्यूँ व्यर्थ समय गवाएँ। आइए, किसी छोटी ही सही परंतु गलत आदत से छुटकारा पाने के लिए हम 21 दिनों वाले इस फॉर्मूले का प्रयोग करें। जल्दी ही हम अपने जीवन पर इसके जादुई प्रभाव को खुद ही महसूस करेंगे। अगर हम इस प्रक्रिया को 2 से 3 महीनों तक करते हैं तो फिर यह हमारी आदत ही नहीं बल्कि हमारा स्वभाव बन जाती है।

आइए, अच्छे रास्तों को अपनाने का निर्णय करें, अपने विकल्पों को सुविज्ञ बनाएँ, अपने प्रयासों को जागृत बनाएँ और अपने भाग्य विधाता खुद बनें।

-ब्रायन ट्रेसी

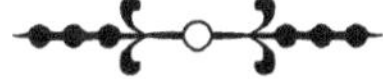

35

शांत मन - फिर काहे की उलझन

शाम का सुहावना समय था। महात्मा बुद्ध सड़क पर सैर के लिए निकल पड़े। कहीं से एक गुस्सैल व्यक्ति आ धमका और उनको अपशब्द कहने शुरू कर दिए। बुद्ध उनकी बातों से तनिक भी विचलित हुए बिना आगे बढ़ते गए। अपने आपको महत्व न मिलता देख वह व्यक्ति तमतमा गया। वह अपनी पूरी ताकत लगा के महात्मा पर चिल्लाने लगा। लेकिन उसकी खरी-खोटी का अभी भी बुद्ध पर कोई असर होता दिख नहीं रहा था और वे उसी तरह अपने पथ पर चलते रहे मानो कि वह व्यक्ति जो कुछ कह रहा है वह उनसे संबंधित है ही नहीं। अभी तक

बहुत सारे लोग इकट्ठा हो चुके थे। अपशब्दों की झड़ी लगाने वाला व्यक्ति अब हताश हो चुका था। उसने अब कौतुहलतापूर्वक महात्मा से प्रश्न पूछा, "मेरे दुर्व्यवहार का तुम पर कोई प्रभाव क्यों नहीं पड़ रहा है? मैंने तुम्हारे लिए ही इतने सारे दुर्वचनों का प्रयोग किया है।"

महात्मा बुद्ध ने उस तुनकमिजाज क्रोधित व्यक्ति के प्रश्न के उत्तर में उसी से प्रश्न किया, "यदि आपको कोई उपहार देना चाहे, परंतु आप उसे लेने से मना कर दें तो वह उपहार किसका होगा?"

उस व्यक्ति ने तुरंत ही जवाब दिया, "जिसका वह उपहार था। जब तक कोई स्वीकार नहीं करेगा तब तक तो उसका ही होगा।"

"इसी तरह मैंने तुम्हारे इस बर्ताव की भेंट को स्वीकारा ही नहीं। इसलिए यह अभी तक तुम्हारी ही है। और जब स्वीकारा ही नहीं तो उस पर प्रतिक्रिया कैसी? जब तुम कभी अपने इस बर्ताव के बारे में सोचोगे, तब तुम ही इसके बारे में शायद कोई प्रतिक्रिया दोगे। मैं तो अभी प्रकृति द्वारा प्रदान किए गए शाम के इस मनोहर दृश्य का आनंद ले रहा हूँ। मैंने इसे सहर्ष स्वीकार किया है और इसी पर अपनी धन्यवाद भरी प्रतिक्रिया (कृतज्ञता) जाहिर करने के लिए मैं सैर को निकल चुका हूँ।"

आमतौर पर हम लोगों के द्वारा जाने, अनजाने में दी गई प्रतिक्रियाओं से बेवजह ही विचलित हो जाया करते हैं। ना जाने हम अपना कितना बहुमूल्य समय और शक्ति उनके द्वारा प्रयुक्त शब्दों, दर्शायी गई भावनाओं आदि से व्यथित और क्रोधित होने में गवाँ देते हैं। यहाँ पर हमारे लिए एक चीज जानना बेहद आवश्यक है-हमारा दूसरे किसी पर भी नियंत्रण नहीं है। वो क्या करते हैं, और क्या कहते हैं, उन पर हमारा कोई नियंत्रण नहीं, कोई जोर नहीं। हम सिर्फ अपने दिमाग को ही अनुशासित कर सकते हैं, उसे दूसरे के रिमोट कंट्रोल से चलने वाले यंत्र की तरह ना बनाकर आत्म

केंद्रित कर सकते हैं और अपने कर्तव्य पथ पर, किसी के वचनों की परवाह किए बिना, अविचलित बढ़ते रह सकते हैं।

लोगों की अनाप-शनाप प्रतिक्रियाओं की परवाह करने की बजाय हमें अपनी मानसिक ताकत को बढ़ाना होगा। हमें अपनी मानसिक क्षमता को इस कदर तक विकसित करना होगा कि लोगों के मत, विचार और थोक के भाव में दी गई नसीहतों का हम पर कोई असर ही न पड़े। यकीन मानिए गुस्से से हमें कुछ भी हासिल नहीं होता। बल्कि इससे हानि ही होती है।

गुस्से को धारण करना जहर की शीशी को धारण करने के समान है और वो भी यह उम्मीद करके कि इससे दूसरे की जान जाएगी।

-महात्मा बुद्ध

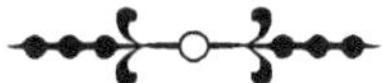

36

जीविकोपार्जन करें पर
जीवन को सफल भी बनायें

रहमान नाम का एक बच्चा था। उसे अचानक तेज बुखार आया। उसके परिवार वाले उसे अस्पताल ले गए। उसे कोई बीमारी हो गई थी। इस कारण उसे अपनी बहन जोया के खून की आवश्यकता आन पड़ी। जोया को हाल ही में वही बीमारी हुई थी। परंतु, रहस्यमय तरीके से उसकी जान बच गई थी। उस बीमारी से लड़ने के लिए उसके रक्त में रोग-प्रतिरोधक विकसित हो गए थे। रहमान को ठीक होने के लिए जोया का रक्त सहायक हो सकता था। अपने पुत्र के जल्द स्वस्थ होने की लालसा लिए उनके माता-पिता जल्द ही जोया को लेकर अस्पताल पहुँच गए।

डॉक्टर ने जोया को अपने पास बुलाया और उससे कहने लगे, "तुम्हारे भाई को भी वही बीमारी हो गई है जो तुम्हें थी। सौभाग्य से तुम्हारा खून कुछ इस कदर हो गया जिससे तुम्हारे भाई की बीमारी भी ठीक हो सकती है। क्या तुम अपने भाई को भी स्वस्थ देखना चाहोगी?"

जोया की मासूमियत भरी "हाँ" थी।

डॉक्टर फिर अपने मूल प्रश्न पे आए, "लेकिन इसके लिए तुम्हें अपना खून देना होगा। क्या तुम इसके लिए तैयार हो?"

यह प्रश्न सुनते ही जोया खामोश हो गई। डॉक्टरों ने कुछ देर उसके चेहरे के हाव-भाव देखे और फिर अंदाजा लगाया कि शायद वह तैयार नहीं है।

वे जोया और रहमान के माता-पिता को जोया के फैसले से अवगत कराने जा ही रहे थे कि जोया ने उन्हें रोका और कहा, "अगर ऐसा करने से मेरे भाई की जान बच जाएगी तो मैं अपना खून देने को तैयार हूँ।"

जोया की रजामंदी पाकर डॉक्टरों ने उसे अपने भाई की बगल वाले बिस्तर पर लेटने को कहा। बिस्तर पर लेटते ही उसने अपने भाई की तरफ देखा और मुस्कुराई। डॉक्टर ने उसकी नस में सिरिंज चुभाई और खून निकलने लगा। खून निकल जाने का एहसास होते ही उस लड़की के चेहरे से प्रसन्नता जाती रही। उसने मुरझाई आँखों से डॉक्टर की तरफ देखा और बोल पड़ी, "क्या मैं अभी मरने वाली हूँ? "

छोटी उम्र के चलते जोया डॉक्टर की सलाह को ठीक से समझ नहीं सकी थी। उसने सोचा कि उसके शरीर से ज्योंही खून निकलेगा, उसका भाई उस खून से ठीक होना शुरू हो जाएगा और उसकी खुद की जिंदगी का दीया बुझ जाएगा। "किसी को खून देना जान देने के बराबर है" ऐसी उस बच्ची की सोच थी।

कितनी बार हम दूसरों के निःस्वार्थ भावना से किए गए योगदान, सेवा, मदद, उपकार, दान, उदारता आदि को समझ नहीं पाते हैं। हमें इसमें उनका कोई न कोई स्वार्थ नजर आने लगता है। हमें लगता ही नहीं है कि कोई व्यक्ति ऐसा भी होगा जो बिना किसी स्वार्थ या उद्देश्य के दूसरों की सेवा भाव से मदद करेगा, सहायता के लिए हाथ फैलाएगा और लोगों की मदद के लिए उनके कठिन क्षण में उनके साथ खड़ा रहेगा।

ऐसा भी नहीं है कि लोगों की सहायता करने के लिए हमें कठिनाई से अर्जित की हुई अपनी सारी पूँजी लगा देनी है और हमें निर्धन बन जाना है। किसी जरूरतमंद को दिया गया एक जोड़ी जूता, या किसी रिक्शा चालक या निम्न आय के व्यक्ति को दिये गये 10-20 रुपये भी उसके चेहरे पर खुशी ला सकते हैं और आपके हृदय को आनंदित कर सकते हैं। हमें इसी संसार से तो मान-सम्मान, धन-दौलत, बुद्धि-विवेक आदि मिला है। क्यूँ न हम लोगों के साथ इसे बाँटें। यकीन मानिए, बाँटने से आपको इन चीजों की कमी नहीं होगी। बल्कि ब्रह्मांड आपको इससे कई गुना अधिक वापस करेगा। इसलिए जितना भी हो सके उतना अर्थदान करें, जरूरत की कुछ चीजों को जरूरतमंदों को दें और हाँ, सबसे महत्त्वपूर्ण बात–"यदि किसी के चेहरे पर तनाव या चिंता दिखे तो उस पर सकारात्मकता का स्नेह लेप लगा कर उसके चेहरे से गायब खुशी और प्रसन्नता को वापस लाएँ।"

कई लोग जानना चाहते हैं, "क्या हमें अपने द्वारा दिए गए दान, भेंट, चंदे, उपहार आदि की सार्वजनिक रूप से चर्चा करनी चाहिए, या उसे गुप्त रखना चाहिए?" इसका कोई सीधा जवाब नहीं हो सकता है। बस इतना ध्यान रखना होता है कि हमारा सार्वजनिक बयान किसी व्यक्ति विशेष के आत्मसम्मान को ठेस न पहुँचाए, और इसका उद्देश्य सिर्फ आत्म प्रशंसा, अपने अहम की संतुष्टि, लोगों का ध्यान आकर्षित करना या फिर

प्रसिद्धि प्राप्ति न हो। यदि दान का बखान दूसरे को भी ऐसा करने के लिए प्रेरित करता है तो उस जगह पर यह जायज है। और हाँ, दान या भेंट सिर्फ खैरात नहीं है, यह किसी जरूरतमंद के काम आने का अवसर है, उसकी जिंदगी में उस भेंट या उपहार से आनेवाले परिवर्तन का प्रतीक है।

प्राप्त चीजों से जिंदगी चलती है परंतु परोपकार से जिंदगी जीवंत होती है।

-विंस्टन चर्चिल

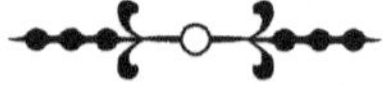

37

सबके साथ चलें - दूर तक जाएँ

एक किसान था। वह ऐसी अच्छी किस्म की मक्का उगाता था जो पुरस्कार योग्य होती थी। हर वर्ष वह अपनी मक्का को लेकर राष्ट्रीय मेले में जाता था और वहाँ से स्वर्ण पदक जीतकर लाता था। इससे पूरे शहर में उसकी चर्चा होती थी।

एक बार एक समाचारपत्र के रिपोर्टर ने उसका साक्षात्कार लिया तो उसे एक रोचक बात पता चली। उसे मालूम हुआ कि किसान अपने बीजों को अपने पड़ोसियों में भी बाँटता था।

रिपोर्टर ने उससे पूछा कि जब आपको पता है कि पड़ोसी किसान भी हर वर्ष उस मेले में अपनी मक्का लेकर आपके मुकाबले में आते हैं तो ऐसी हालत में आप अपने बढ़िया बीज उनको क्यों देते हैं?

इस पर किसान ने बताया कि मक्का के भुट्टों से परागकण लेकर हवा एक खेत से दूसरे खेत में जाती है। अगर पड़ोसी घटिया किस्म की मक्का उगाएँगे तो परागकणों के मिश्रण के कारण वे मेरी मक्का की गुणवत्ता को भी घटिया बना देंगे। अगर मुझे अपनी मक्का बढ़िया पैदा करनी है तो अच्छी मक्का पैदा करने में मुझे अपने पड़ोसियों की भी मदद करनी होगी। बीजों के अलावा, मेरी फसल की पूर्ण सफलता मेरे प्रयासों पर भी निर्भर करती है और मेरे प्रयास सभी दूसरे लोगों से अधिक होते हैं।

इस किसान को जीवन में संबंधों की शक्ति का एहसास था। उसे पता था कि जब तक उसके पड़ोसियों की मक्का में सुधार नहीं होगा, तब तक उसकी अपनी मक्का में भी सुधार नहीं हो सकता।

यही बात हमारे जीवन में भी लागू होती है। अगर कोई अच्छा जीवन जीना चाहता है तो उसे दूसरों को भी अच्छा जीवन जीने में मदद करनी होगी, क्योंकि जीवन के मूल्य को उन लोगों के जीवन से ही नापा जा सकता है जो हमारे आस-पास रहते हैं। जो खुश रहना चाहते हैं उन्हें दूसरों को भी खुश रहने में मदद करनी होगी, क्योंकि प्रत्येक व्यक्ति का कल्याण सभी के कल्याण पर परस्पर निर्भर होता है।

अगर हमें अपने जीवन में बड़ी सफलता प्राप्त करनी है तो हमें अपने मित्रों तथा परिवार की भी मदद करनी होगी, ताकि वे भी सफल हो सकें। औरों को प्रेरित करना तथा औरों के समक्ष उदाहरण के रूप में जीना उन सबसे पहली बातों में आता है जब हम औरों की सफलता में उनकी मदद करने की बात करते हैं। एक कैटरपिलर अपने साथियों को तब तक तितली बनने के लिए प्रेरित नहीं कर सकता, जब तक वह खुद तितली नहीं बन जाता। हम तब तक औरों को बड़ा बनने के लिए प्रेरित नहीं कर सकते जब तक हम उनके प्रेरणा-स्रोत नहीं बन जाते। सफलता की यात्रा

में सबको साथ लेकर चलो। साथ में सफल होने का अपना अलग ही आनंद है।

अगर आपको तेज चलना है तो अकेले चलो, अगर आपको दूर तक जाना है तो सबको साथ लेकर चलो।

–महात्मा गाँधी

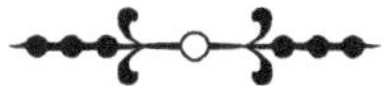

नजरअंदाज करना भी सीखें

एक बढ़ई ने पूरे दिन अपनी दुकान चलाने के बाद शाम को अपनी वर्कशॉप बंद की और घर चला गया। इधर-उधर घूमता हुआ एक काला नाग उसकी दुकान में घुस गया।

वह नाग भूखा था और अंधेरी रात में छिपे हुए शिकार की तलाश में इधर आ पहुँचा था। रेंगते हुए वह वर्कशॉप के एक छोर से दूसरे छोर तक गया। अचानक वह नुकीली धार वाली एक कुल्हाड़ी से टकरा गया। उस कुल्हाड़ी की पैनी धार ने उसे घायल कर दिया।

गुस्से और बदला लेने की चाहत में उस सर्प ने उस कुल्हाड़ी पर जोर से टक्करें मारी और काटकर जहर उगलना चाहा। साँप के जहर का भला उस कठोर निर्जीव कुल्हाड़ी पर क्या असर होता? उल्टे साँप के मुँह से ही खून आना शुरू हो गया।

गुस्से से तमतमाते हुए प्रतिशोध की भावना लिए उस साँप ने धारदार कुल्हाड़ी को जकड़ लिया और उसे दबाकर नुकसान पहुँचाने के इरादे में वह खुद ही लहू-लुहान हो गया।

दूसरे दिन सुबह में जब बढ़ई ने अपनी दुकान का दरवाजा खोला तो उसने नुकीली कुल्हाड़ी से लिपटा मृत नाग देखा।

वह नाग किसी दूसरे की गलती से नहीं मरा, उसकी मृत्यु का कारण तो था उसका खुद का प्रचंड क्रोध और अहंकार।

क्रोध के वश में आकर हम दूसरों का अहित करना चाहते हैं, परंतु कुछ समय बीतने के पश्चात् हमें महसूस होता है कि दूसरे से ज्यादा अहित तो हमारा हुआ।

सुखकर जिंदगी के लिए हमें कुछ चीजों, लोगों, घटनाओं (अप्रिय), परिस्थितियों आदि को नजरअंदाज करना होगा।

जरूरी नहीं कि हम मामूली से मामूली घटना पर अपनी प्रतिक्रिया दें। हमें ठहरकर सोचना है कि अमुक घटना प्रतिक्रिया देने लायक है भी या नहीं। कभी-कभी लोग किसी को प्रताड़ित करने, नीचा दिखाने या उससे बदला लेने के लिए ही अपनी राय देते हैं या कोई कार्य विशेष करते हैं। क्यों न दूसरे को सबक सिखाने के बदले हम बड़ी सफलता प्राप्त करने के उद्देश्य से अपने को प्रयत्नशील कर लें।

यदि अभी भी हम दूसरों से बदला लेने की चाहत रखते हैं, तो हमें अमेरीकी गायक फ्रेंक सिनात्रा के शब्द याद रखने चाहिए। फ्रेंक सिनात्रा के कथनानुसार, *"बड़ी सफलता ही सबसे बड़ा प्रतिशोध है।"*

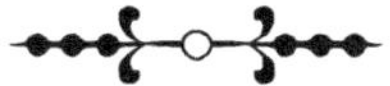

39

करें अपने काम से प्यार
लाएँ जीवन में बहार

बढ़िया घर बनाने वाला एक बुजुर्ग मिस्त्री किसी राजा के लिए दशकों से काम कर रहा था। करीब 5 दशकों तक कुशलतापूर्वक काम करने के उपरांत उसने रिटायर होने का मन बना लिया। उसने एक दिन राजा से बात की और उसे अपनी मंशा से अवगत कराया। उसने राजा से कहा, "राजन! अब और नहीं। मेरी इन बूढ़ी आँखों से गृह-निर्माण आगे नहीं हो पाएगा। अब मैंने फैसला कर लिया है कि बाकी की जिंदगी अपने परिवार में, अपने नाती-पोतों के साथ हँसी-खुशी बिताऊंगा। मुझे बेरोजगारी खलेगी जरूर, किंतु अब और नहीं।"

राजा अपने इस सबसे पुराने, विश्वासी, अनुभवी और बेहतरीन भवन निर्माण करने वाले मिस्त्री को जाने नहीं देना चाह रहा था। उसने उससे तत्काल ही अनुरोध किया, "मैं यह नहीं कहूँगा कि तुम सेवानिवृत्त होने के अपने फैसले पर पुनर्विचार करो, परंतु मैं तुमसे बस इतना चाहूँगा कि मेरे अनुरोध पर सिर्फ एक घर और बना जाओ।"

इस अनुरोध को वफादार और अनुभवी गृह निर्माता ने अनमने ढंग से मान लिया। उसने भवन निर्माण का कार्य तो शुरू कर दिया, परंतु अब उसमें वो कर्त्तव्य परायणता नहीं दिख रही थी। अब उसकी कारीगरी में लगन नहीं रही थी। उसने जैसे-तैसे ही पूरा घर खड़ा कर दिया था। उसके कार्य निष्पादन में हुनर, कौशल आदि गायब थे। कोई भी व्यक्ति जो उसके गृह निर्माण के कौशल को देख रखा होगा, सहसा ही समझ जाता कि उसने यह मकान अपनी आँख और अपना दिमाग बंद करके बनाया है। यह भवन निश्चय ही उसके 5 दशक के सराहनीय काम के श्वेत वस्त्र पर एक बड़ा धब्बा सा था। अपने जौहर और हुनर को ताक पर रखकर घर बनाने के बाद उसने राजा को उस घर का मुआयना करने का अनुरोध किया। राजा ने उसे अपना अनुरोध स्वीकार करने और घर निर्माण पूरा करने के लिए धन्यवाद किया और फिर उस घर की चाबी उसे ही थमाते हुए बोला, "यह घर आज से तुम्हारा है मेरा उपहार तुम्हारे लिए। हालाँकि मैंने तुम्हें बताया नहीं था लेकिन ये तुम्हारे लिए ही बनवाया है।

उस मिस्त्री को तो ऐसा महसूस हुआ जैसे कि उसे साँप सूँघ गया हो। वह बिल्कुल सन्न रह गया। ये क्या किया मैंने! उसे अब मन ही मन घोर पछतावा होने लगा था। अगर पहले से पता होता कि यह घर मैं किसी और के लिए नहीं, बल्कि खुद अपने लिए बना रहा हूँ, तो अपनी सारी काबिलियत झोंक दी होती। परंतु अब उसे घोर पश्चाताप के साथ उसी घर में रहना था।

ऐसा ही कुछ हमारे साथ भी होता है। हम अपने जीवन को गंभीरता से ले ही नहीं पाते। जब, जो और जैसे मिल जाता है उसी में रच-बस जाते हैं। हम तत्परता से काम करने के बजाय लोगों की अनाप-शनाप हरकतों, टिप्पणी आदि पर प्रतिक्रिया करने में ज्यादा समय गँवा देते हैं। महत्त्वपूर्ण मौके तक पर हम अपनी पढ़ाई, कार्य, जिम्मेदारी आदि को तवज्जो न देते हुए आस पास की गतिविधियों, बेकार की घटनाओं को ज्यादा महत्त्व देने में रह जाते हैं। और जब फलस्वरूप हमें अपने जीवन में आशातीत सफलता नहीं मिलती तो फिर हम अपने भाग्य या किसी अन्य को दोष देने में अपनी पूरी जिंदगी गुजार देते हैं। यदि हम समय रहते ही सचेत हो जायें, तो शायद हमें ये दिन ना देखने पड़ें और पछतावा भरी जिंदगी नहीं गुजारनी पड़े।

अपने आपको हम वो मिस्त्री समझें और अपनी जिंदगी को उसका बनाया घर। प्रत्येक दिन हम एक कील ठोकते हैं। एक बोर्ड दीवार पर लगाते हैं या दीवार को खड़ा करने के लिए कुछ ईंट जोड़ते हैं। क्यूँ न हम हरेक कील ठोकने से पहले अपने ज्ञान, हुनर ओर समझदारी का भरपूर उपयोग करें, क्यूँ न हरेक बोर्ड लगाने से पहले पूरी सूझ-बूझ का परिचय दें और क्यूँ न हरेक ईंट रखने से पहले पूरी सावधानी बरतें। याद रखिए, मकान (जिंदगी) बनाने का मौका बार-बार नहीं मिलेगा। यदि थोड़ी देर के लिए ही सही, हमें इस मकान में रहने का अवसर मिले तो हम उसमें गौरव के साथ रह सकें।

जिंदगी बनाना या बिगाड़ना खुद अपने हाथों में होता है। हमारा आज ही हमारा कल तय करेगा। जो आज करेंगे या नहीं करेंगे उसी का परिणाम कल भुगतना होगा। हम शारीरिक और मानसिक अवस्था को उत्कृष्ट बनाएँ, सबसे बेहतर विकल्प चुनें और अपने जीवन की बेहतरी के लिए कड़ी से कड़ी मेहनत करें। अगर हम ऐसा करने में सफल हो जाते हैं तो

हम ऐसे घर (जीवन) का निर्माण कर पाएँगे जिसमें हम बिना किसी पछतावे के गौरव, अभिमान और शांति के साथ उम्र भर के लिए रह सकें।

हम वही बनते हैं जो कर्म हम बार-बार करते हैं। इसलिए, उत्कृष्टता कोई खानापूर्ति नहीं बल्कि आदत होनी चाहिए।

-अरस्तू

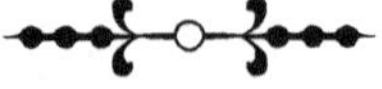

40

डर के आगे जीत

एक बार बंदरों के एक झुंड ने स्वामी विवेकानंद को घेर लिया। बंदरों से इस तरह अपने आपको घिरा पाकर स्वामी विवेकानंद ठिठक से गए। अब वे एक कदम भी आगे बढ़ नहीं पा रहे थे। उन्होंने वहाँ से दौड़ लगाने में ही अपनी भलाई समझी। परंतु विवेकानंद ने जैसे ही दौड़ना आरंभ किया, बहुत सारे बंदर भी उनके पीछे-पीछे दौड़ने लगे। वे जितनी तेज दौड़ लगाते, बंदर भी उसी रफ्तार से उनका पीछा करते। उनको इस तरह बेतहाशा दौड़ता देख एक महंत ने दूर से स्वामी जी को आवाज दी, "अरे दौड़ना बंद कीजिए, वापस मुड़िए। बंदरों का सामना कीजिए।" इतना सुनते ही स्वामीजी ने कुछ ऐसा ही किया। देखते ही देखते सारे बंदर वहाँ

से भाग गए। इस घटना से यह सिद्ध होता है कि समस्या और संकट को अपने से दूर करने का सबसे बेहतरीन उपाय है उसका सामना करना। यदि विवेकानंद ने बंदरों से मुकाबला करने का मन नहीं बनाया होता तो वे ऐसे ही मीलों तक उनसे भागते फिरते और फिर भी बंदरों को अपने आस-पास ही पाते। मीलों तक भागने के बाद उन्हें कैसा महसूस होता? उन्होंने अपनी जान बचाने के लिए ईश्वर के प्रति कृतज्ञता ज्ञापन की होती, हो सकता है अगली बार इन बंदरों से बचने के लिए इन्होंने कोई नई तरकीब सोची होती या फिर उस रास्ते से जिंदगी भर न गुजरने का प्रण लिया होता। फिर भी, उनके मन में हमेशा के लिए बंदरों का खौफ घर कर जाता। और यह चिरस्थायी डर उनके आत्मविश्वास रूपी सूरज में ग्रहण लगा देता। परंतु उद्दंड बंदरों के झुंड के बीच डटे रहने से उनके मन-मस्तिष्क में सकारात्मक आत्म-विश्वास का संचार हुआ। डर के बारे में उनकी अंतदृष्टि बदली और वे चुनौतियों को हराना सीख गए, डर को डराना उन्हें आ गया।

बंदरों से आँख मिलाने के उनके निश्चय ने अंतिम परिणाम को उनके पक्ष में कर दिया। हालाँकि यह एक बहुत छोटी सी घटना थी, परंतु इस छोटी सी घटना का विवेकानंद के जीवन में बड़ा प्रभाव पड़ा। स्वामी जी ने इस घटना से मिली सीख को जीवन भर अपने शिष्यों को सुनाया और उन्हें डर से डट कर मुकाबला करना सिखाया।

हम में से कितने अपने जीवन में ऐसी परिस्थितियों में अपने आपको पाते हैं जहाँ कि हम डर को अपने से जीतने का मौका दे देते हैं और इस तरह उन पर अपनी जीत दर्ज करने का अवसर खो देते हैं। शुरूआत में हालाँकि हमें इनसे क्षणिक आराम का अनुभव जरूर होता है, लेकिन धीरे-धीरे ये हमें अपने बस में कर लेते हैं।

किसी चीज से डरने में कोई बुराई नहीं है। इस तरह की भावना का इस्तेमाल हम अपने आपको सुरक्षित करने के लिए कर सकते हैं। साहस का मतलब यह कतई नहीं है कि हमारे अंदर डर ही समाप्त हो जाए। इसका मतलब तो सिर्फ यह है कि हम डर से सफलतापूर्वक मुकाबला करना सीख जाएँ। निश्चय ही विवेकानंद को बंदरों के झुंड के सामने आने में डर लगता होगा, परंतु फिर भी वे झुंड के सामने गए। वास्तव में यही साहस है। एकाएक डर पर लगाम संभव नहीं है। इसमें समय लगता है और इसे अभ्यास करते रहने की जरूरत होती है। परंतु, एक बार अगर हम इनका सामना करना सीख जाते हैं तो फिर हमें अपने अंदर छुपे अदम्य साहस का एहसास हो जाता है।

"चुनौतियों का डट कर मुकाबला करो"- जीवन भर के लिए यह तुम्हें सीख और आत्म-विश्वास देगा। भयानक से भयानक परिस्थितियों का साहसपूर्ण तरीके से सामना करो। बंदर मैदान छोड़ने पर विवश हो जाते हैं जब हम उनके सामने घुटने टेकने से मना कर देते हैं।

-स्वामी विवेकानंद

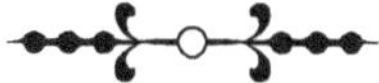

41

विनम्र बनें

एक बार एक धनवान पिता अपने पुत्र को गरीबों की जिंदगी दिखाने के एकमात्र उद्देश्य से अपने घर से दूर खेत के पास बसी गरीबों की बस्ती ले गया। अपने पुत्र के साथ उसने उस गरीब बस्ती में पूरा एक दिन और एक रात गुजारी। दूसरे दिन जब पिता पुत्र वहाँ से वापस आए तो पिता ने चेहरे पर अहं का भाव लिए अपने पुत्र से पूछा, "मुझे पता है मैंने तुम्हें कष्ट दिया। दुनिया की सारी सुख-सुविधाओं के आदी के लिए निश्चय ही ऐसी बस्तियों में रहना किसी सजा से कम नहीं था। परंतु, तुम्हें

वहाँ लेकर जाने का मेरा एकमात्र उद्देश्य यह था कि तुम जान सको कि तुम्हारे और इन कीड़े-मकौड़े सा जीवन जीने वाले लोगों में क्या फर्क है। अब बताओ तुम्हें कैसा लगा?

"बहुत अच्छा", पुत्र का बिल्कुल ही उल्टा उत्तर था।

पुत्र का उत्तर सुनते ही पिता के तो पाँव तले जमीन खिसक गई। चेहरे पर नाराजगी लिए अब उसने अपने पुत्र को खीज से भरकर कहा, "क्या तुमने देखा नहीं उनका रहन-सहन? क्या था उनके पास?"

पुत्र का शांत लेकिन सटीक जवाब था, "रहन-सहन भी देखा और क्या है उनके पास, उसको भी।",

"तो क्या देखा तुमने?", पिता ने फिर से पूछा।

पुत्र ने अब वहाँ के अपने अनुभवों को साझा करना शुरू कर दिया, "मैंने देखा उन सबके पास 4-4 कुत्ते थे। मेरे घर में तो सिर्फ 1 है। मेरे यहाँ छोटा तालाब है जो पूरी फुलवारी तक भी नहीं है। परंतु वहाँ का पोखर इतना विशाल है कि पता ही नहीं चलता कि कहाँ से वह शुरू होता है और कहाँ पर उसका अंत है। हमारे पास बहुत ही छोटा लैम्प है। परंतु उनके पास, उनके आँगन में तो रात में ऐसा लग रहा था मानो पूरे आकाश से तारे उतर आए हों। हमारा आंगन तो बस इतना-सा (अपने आंगन की तरफ इशारा करते हुए) है परंतु उनका, उनका तो इतना बड़ा है कि हमारी पूरी कॉलोनी उसमें समा जाए। ये लोग प्रकृति के कितना समीप जीवन जीते हैं। और हाँ, इन सबमें प्यार तो देखो, पूरी बस्ती ही एक परिवार की तरह है।

पिता अपने पुत्र को टकटकी निगाहों से देखता जा रहा था। उसकी आँखों में क्रोध और निराशा का मिला-जुला रूप स्पष्ट रूप से दिखाई पड़ रहा था। अब पुत्र ने अपनी वाणी को विराम देने से पूर्व कहा "धन्यवाद

पिताजी, मुझे इस चीज का एहसास दिलाने के लिए कि हम कितने गरीब हैं।"

पुत्र के उस कथन ने धनवान पिता को उतना ही विचलित किया जितना कि शायद हिरण्यकश्यप को उसके पुत्र प्रह्लाद के वचन किया करते थे। वह मन ही मन गुस्से से आग-बबूला होकर सोचने लगा, "क्या दिखाने ले गया था इसे, और यह क्या देख आया"। परंतु फिर पिता को गर्व महसूस हुआ कि उनका पुत्र अमीरी का गुलाम नहीं है और उसे मानवीय मूल्यों की पहचान है, उसे प्रकृति से प्यार है।

क्या यह सत्य नहीं है कि हमारी खुशी इस बात पर निर्भर करती है कि हम किसी भी चीज को किस नजरिए से देखते हैं। यदि हमें परिवार, मित्रगण इत्यादि का प्रेम और स्नेह मिल रहा है और हम स्वस्थ हैं, जीवन में हँसी-खुशी है एवं हमारी सोच सकारात्मक है तो समझिए कि हमें जीवन में वो सब मिल गया है जो चाहिए। इनमें से कोई भी चीज हम पैसों से खरीद नहीं सकते। चाहे हमारे पास कितनी भी धन-दौलत क्यों न हो, आर्थिक रूप से हम अपने भविष्य को कितना भी सुरक्षित क्यूँ न कर लें, परंतु यदि हमें ऊपर बताई गई चीजें प्राप्त नहीं हैं तो फिर हमारा जीवन निरर्थक है, इसमें कोई दो राय नहीं। हमारे मन में प्राणी मात्र के लिए संवेदना और करुणा का भाव होना चाहिए। मानवता को महत्त्व दीजिए, किसी की आर्थिक स्थिति को नहीं। याद रखिए, समय किसी का भी एक-सा नहीं रहता। आज का निर्धन कल का अमीर हो सकता है। आइए, हम अपने बच्चों को उन मूल्यों का आदर करने के लिए प्रेरित करें जो मूल्य उनके जीवन में महत्त्वपूर्ण हैं। यदि आपको ईश्वर ने अधिक दिया है तो समझिए कि आपकी जिम्मेदारी भी अधिक है। आप दूसरों से सुख बाँटें और उनकी बेहतरी के लिए कुछ महत्त्वपूर्ण कार्य करते रहें।

आइन्स्टीन ने कहा था, "सभी महत्त्वपूर्ण चीजों को गिना नहीं जा सकता है और जिन चीजों को गिना जा सकता है, जरूरी नहीं कि वे महत्त्वपूर्ण हों ही।" इनके शब्दों को ध्यान में रखते हुए विनम्र बनिए। विनम्रता एक ऐसी चीज है जिसे मापा नहीं जा सकता है, परंतु जब अपनी छाप छोड़ने की बात आती है तो यह निश्चय ही महत्त्वपूर्ण है।

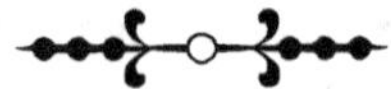

42

जीवन में ऊँची उड़ान के लिए क्या जरूरी होता है

एक दस वर्ष का साँवला लड़का अपने घर के बाहर एक गुब्बारे बेचने वाले को खिन्न चित्त से देख रहा था। उस गुब्बारे वाले के पास विभिन्न रंगों के कई सारे गुब्बारे थे।

वह लड़का अपने साँवले रंग के चलते हमेशा तनाव में रहता था। उसके सहपाठी उसे इस रंग का होने के कारण उसे ताने मारते रहते और

उसके साथ बैठने, यहाँ तक कि खेलने से भी मना कर देते। अपनी कक्षा के सहपाठियों के इस बेरुखे व्यवहार से वह बिल्कुल खिन्न सा रहने लगा था। उसकी मायूसी का कारण कुछ और नहीं बल्कि उसके साँवलेपन को लेकर उसके हम उम्र बच्चों का व्यवहार था।

कुछ देर तक गुब्बारों की तरफ एक टक से देखते रहने के पश्चात् उसने गुब्बारे बेचने वाले से बात करने के लिए थोड़ी हिम्मत जुटाई। उसने गुब्बारे वाले से प्रश्न किया, "गुब्बारे वाले चाचा, क्या यह काले रंग का गुब्बारा भी उसी ऊँचाई पर उड़ेगा जितना कि दूसरे रंग वाले गुब्बारे?" गुब्बारे बेचने वाले को इस तरह का प्रश्न सुनकर थोड़ी हैरानी हुई, परंतु उसने बालक को देखा और उसकी भावना को भाँप गया।

उसने बड़े ही प्यार से जवाब दिया, "मेरे बच्चे, रंग से ऊँचाई का कोई संबंध नहीं, ऊँचाई का संबंध तो गुब्बारे में भरी गई हवा से होता है। हवा अगर होगी तो काला गुब्बारा भी दूसरे रंगों वाले गुब्बारों जितना ही उड़ेगा, या शायद उससे भी ऊपर।"

हम चाहे कोई भी हों, हम चाहे कहीं से भी आए हों, हमारी पृष्ठभूमि चाहे कैसी भी हो, यदि हम अपने सपनों को पूरा करने की ठान लें तो हम सब ऐसा कर सकते हैं। हम सबके अंदर शक्तियों का अपार भंडार है, जरूरत है तो सिर्फ इस बात की कि हम अपने अंदर की इस शक्ति को पहचानें और उसका भरपूर उपयोग करें।

पहाड़ों जैसी बाधाओं को हटाने और असंभव से प्रतीत होने वाले लक्ष्य को हासिल करने के लिए हमें दृढ़ निश्चय, लगन, तत्परता और प्रयासों की निरंतरता की आवश्यकता होती है और यदि हमारे अंदर ये सब हैं तो हम निश्चय ही सफलता की ऊँचाइयों को छू सकते हैं। असंभव को संभव करने वाले बन सकते हैं, चाहे हमारी पृष्ठभूमि कैसी भी क्यूँ न हो। जीवन में निर्धारित लक्ष्य को पूरा करने और उसमें परिपूर्णता लाने के लिए

हमें बाकी सभी चीजों को भूलकर सिर्फ इमर्सन के इस कथन को याद रखना होगा–

"मेरे पीछे क्या था और मेरे आगे क्या होने वाला है इन दोनों से अधिक महत्त्वपूर्ण है मेरे अंदर क्या है"?

-इमर्सन

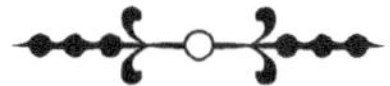

43

शांत मन ही सही फैसले ले सकता है

एक बार महात्मा बुद्ध अपने अनुयायियों के साथ एक शहर से दूसरे शहर की ओर जा रहे थे। इस भ्रमण के दौरान उन्हें एक झील के पास से होकर गुजरना पड़ा। महात्मा ने अपनी टोली को वहीं रूकने के लिए कहा और अपने एक अनुयायी को कहा, "मुझे प्यास लगी है। जरा कुछ पानी ले आओ, पीने के लिए, इस झील से।"

वह अनुयायी झील से पानी लेने के लिए चल पड़ा। वह झील के बिल्कुल समीप पहुँचा तभी उसने एक बैलगाड़ी को झील में से गुजरते

देखा, जिसके परिणामस्वरूप पूरी झील का पानी बैलगाड़ी के चक्कों में लगे कीचड़ से भर गया और पूरा का पूरा पानी ही गंदा हो गया। उस अनुयायी ने तत्काल सोचा, "अब ऐसा पानी मैं बुद्ध को पीने के लिए कैसे दे सकता हूँ!" इसलिए वह तुरंत ही वापस आया और उनसे कहा, "इस झील में से बैलगाड़ी गुजरने के कारण पानी काफी गंदा हो चुका है। मुझे नहीं लगता कि अब यह पीने लायक बचा है।"

महात्मा बुद्ध ने जवाब में कहा, "इस पेड़ की छाँव में कुछ समय यहीं विश्राम करें।" कुछ समय के बाद बुद्ध ने अपने उसी अनुयायी को बुलाया और जल लाने के लिए उसी झील पर भेजा। अनुयायी आज्ञा का पालन करते हुए झील की ओर बढ़ा। परंतु इस बार जो उसने देखा, वह उसकी समझ से परे था। अब इस झील का पानी पूरी तरह से साफ हो चुका था। कीचड़ आदि झील के तल पर बैठ चुके थे और ऊपर बिल्कुल ही स्वच्छ पानी था। उसने पात्र में जल इकट्ठा किया और फिर उसे लेकर बुद्ध के पास पहुँच गया।

बुद्ध ने पात्र में रखे उस जल पर एक दृष्टि डाली और अपने अनुयायी से कहा, "देखो, तुमने झील के पानी का इंतजार किया तो कीचड़ इससे अपने आप ही निकल गया। तुम्हें बिना किसी बाहरी प्रयास के शुद्ध पेयजल मिल गया।"

हमारा दिमाग भी कुछ उस झील के जल के जैसा ही है। जब हम उसमें तनाव और परेशानियाँ भर लेते हैं तो फिर हमारे अंदर सामर्थ्य भर काम करने की शक्ति नहीं रह जाती है। हमारे आत्मविश्वास में कमी आ जाती है और हम तनावग्रस्त हो जाते हैं। परंतु, ऐसा कुछ महसूस होते ही हमें अपने आपको सब कुछ भूलते हुए कुछ देर का समय देना चाहिए। बिल्कुल शांत होकर कुछ देर विश्राम करना चाहिए। मानसिक अशांति अपने आप ही शांत हो जाएगी। हमें इसके लिए किसी बड़े प्रयास की

आवश्यकता नहीं होगी। आखिर जब हम शांत चित्त रहेंगे तभी अपनी मन:स्थिति बेहतर कर पाएँगे और सही निर्णय भी ले सकेंगे।

शांत चित्त से ही अंदरूनी शक्ति और आत्मविश्वास आता है।

–दलाई लामा

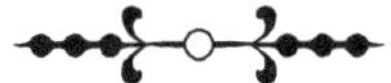

44

किसी भी चीज की अति अच्छी नहीं है

किसी समय में एक सेवानिवृत्त शिक्षक और बीमा एजेंट एक दूसरे के पड़ोसी थे। उन दोनों की फुलवारी आस-पास ही थी और दोनों ने अपनी-अपनी फुलवारियों में कुछ पौधे लगा रखे थे। सेवानिवृत्त शिक्षक अपने पौधों को थोड़ी-थोड़ी मात्रा में पानी डाला करता था और पौधों की निगरानी या देखभाल के लिए कोई जरूरत से ज्यादा ध्यान या समय नहीं देता था, जबकि बीमा एजेंट अपने पौधों को बहुत अधिक पानी देता था और उन पौधों का विशेष ख्याल भी रखता था। शायद लोगों को जरूरत से ज्यादा बीमा सुझाने और बेचने की उसकी आदत उसे बागवानी में भी "जरूरत से अधिक" करने के लिए प्रेरित करती थी।

सेवानिवृत्त शिक्षक के पौधे सामान्य दिख रहे थे जबकि बीमा एजेंट के पौधे अधिक हरे-भरे दिख रहे थे। एक दिन रात के समय में हल्की-फुल्की आँधी के साथ काफी जोर की बारिश हुई। अगली सुबह दोनों पड़ोसी अपने-अपने बगीचों को देखने पहुँचे। बीमा एजेंट के पौधे जड़ से उखड़ चुके थे जबकि सेवानिवृत्त शिक्षक के पौधे क्षतिग्रस्त तो हुए थे, परंतु जड़ समेत सुरक्षित थे।

बीमा एजेंट को यह सब देखकर बड़ा ही आश्चर्य हुआ। वह अपने पड़ोसी शिक्षक के पास गया और उससे प्रश्न किया, "हम दोनों ने एक ही तरह के पौधे लगाये थे। मैं बल्कि आपसे अधिक देखभाल करता आ रहा था अपने प्यारे पौधों की, उन्हें जल आदि भी आपसे ज्यादा देता रहा। परंतु फिर भी मेरे पौधे जड़ से उखड़ गए, जबकि आपके क्षतिग्रस्त तो हैं लेकिन सलामत हैं। ये कैसे संभव है?"

वह सेवानिवृत्त शिक्षक मुस्कुराया और बोला, "तुमने अपने पौधों पर अधिक ध्यान और जल आदि दिया, परंतु इन सबके चलते उन्हें खुद से कुछ करने की आवश्यकता जाती रही। उन्हें पानी खोजने के लिए धरातल में जड़ें गहरी करने की जरूरत ही नहीं पड़ी। तुमने इन पौधों का जीवन सरल कर दिया। परंतु मैंने इन्हें सिर्फ यथोचित पानी दिया और उनकी जड़ों को और अधिक जल खोजने के लिए प्रेरित किया। इसके चलते उनकी जड़ें गहरी होती चली गयी और इस तरह वे मजबूत होते चले गए। और इसी का परिणाम हमें आज देखने को मिल रहा है।"

हमारे बच्चे भी इन पौधों की तरह ही होते हैं। यदि उन्हें सब कुछ बहुत ही आसानी से मिल जाता है तो फिर उन्हें कड़ी मेहनत का महत्त्व समझ में नहीं आता है। उनके अंदर काम करने की इच्छा नहीं होती और वे धीरे-धीरे आलसी और निकम्मे हो जाते हैं। वे ये नहीं समझ पाते कि धन कमाने में कितना अधिक परिश्रम करना पड़ता है और फलस्वरूप उसे

व्यर्थ ही गँवाते रहते हैं। वे काम के महत्त्व को नहीं समझ पाते हैं। इसलिए हमारे लिए ये कभी कभी आवश्यक हो जाता है कि उन्हें कुछ मुफ्त में देने के बजाय उन्हें परिश्रम कर कोई चीज हासिल करने के लिए प्रेरित करें। इसलिए उन्हें चलते रहने के लिए तो प्रोत्साहित करें ही, साथ ही उन्हें अपनी मंजिल को पाने के लिए कोई नया रास्ता ढूँढ निकालने और उस पर चलकर, सीखते हुए अपनी मनचाही मंजिल को प्राप्त करने के लिए भी प्रेरित करें।

अत्यधिक लाड़-प्यार, निगरानी और बहुत अधिक की चाहत, ये कुछ ऐसी चीजें हैं जिनसे आपको दुःखी, निराश और आहत होना पड़ सकता है।

-अज्ञात

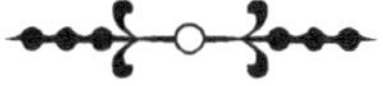

आपका पैराशूट कौन बाँधता है और आप किसका पैराशूट बाँधते हैं

एक दिन जब प्लंब और उनकी पत्नी किसी एक रेस्टोरेंट में बैठे थे, तभी उनके बगल की मेज पर बैठे एक सज्जन ने उनकी तरफ देखा और बोला, "आप प्लंब हैं! आपने ही वियतनाम में जेट लड़ाकू विमान उड़ाया था। दुश्मन के गोले से आपके विमान में आग लग गई थी और आपको विमान से छलांग लगानी पड़ी थी।" प्लंब ने उस सज्जन को बड़े ही अचरज से देखा और उनसे प्रश्न किया, "ये सब आपको कैसे मालूम?"

उस सज्जन ने जवाब दिया, "आप जब विमान उड़ाने के लिए चढ़े थे तो मैंने ही आपका पैराशूट बाँधा था"।

इतना सुनते ही प्लंब के मन में उस व्यक्ति के लिए असीम कृतज्ञता का भाव उमड़ने लगा। उस सज्जन ने प्लंब से गर्मजोशी से हाथ मिलाया और फिर उसके हाथ को ऊपर उठाते हुए बोला, "मैं आशा करता हूँ कि मेरे पैराशूट ने सही काम किया।" प्लंब ने उनकी तरफ कृतज्ञतापूर्ण नजरों से देखते हुए कहा, "नि:संदेह। यदि आपका पैराशूट काम नहीं करता तो मेरा काम तमाम हो चुका होता। आज आप मुझे अपने सामने नहीं पाते"। प्लंब ने तहे दिल से उस व्यक्ति का शुक्रिया अदा किया और दोनों ने विदाई ली।

उस रात प्लंब को नींद ही नहीं आई। वह अपनी जान बचाने वाले उस व्यक्ति के बारे में ही सोचता रहा।

"वह वायुसेना की वर्दी में कैसा दिखता होगा, सफेद टोपी, पीठ में घंटी और बेल-बोटम पतलून। उसको मैंने आते-जाते कितनी बार देखा होगा परंतु कभी उसे "सुप्रभात" या "कैसे हो?" तक कहने की जहमत नहीं उठाई। मैंने शायद इसलिए सामान्य शिष्टाचार से भी उससे परहेज किया क्योंकि कहीं न कहीं मेरे अंदर इस बात का गुरूर था कि कहाँ मैं लड़ाकू विमान का पायलट और कहाँ वो एक साधारण सा पैराशूट बाँधने वाला कर्मचारी।" प्लंब याद करने लगा कि कैसे वह कर्मचारी मेज पर घंटों बैठकर बड़े ही ध्यान से पैराशूट की रस्सी उसके नायलॉन के कपड़े आदि को ध्यान से परखा करता और फिर उसके बन जाने के उपरांत उसे अपने हाथ में हमारे जैसे लोगों की जान बचाने के लिए समेट लेता जिसने उससे प्रेम के दो शब्द नहीं कहे। *"आपका पैराशूट कौन तैयार कर रहा है?"* *प्रत्येक व्यक्ति के लिए कोई न कोई होता है, जो उसकी जरूरत की चीजों को उसके लिए तैयार करता रहता है। प्लंब को भी बहुत सारे पैराशूट की*

आवश्यकता आन पड़ी थी जब उसका लड़ाकू जहाज दुश्मन के क्षेत्र में जा पहुँचा था और दुश्मन देश की सेना ने उसके जहाज के ऊपर गोले बरसाए थे। उसे शारीरिक और मानसिक पैराशूट के अलावा भावनात्मक और आध्यात्मिक पैराशूट की भी जरूरत महसूस होने लगी थी। उसने इन सबसे सहायता मांगी और उसे मिली भी और शायद यही सबसे बड़ा कारण था कि वो सुरक्षित अपने वतन लौट पाया।

कभी-कभी जीवन की दैनिक सामान्य गतिविधियों में हम इस कदर उलझ जाते हैं कि वास्तविक महत्त्व की चीजों को नजरअंदाज कर देते हैं। लोगों से हाय, हेल्लो, सुप्रभात, धन्यवाद, बधाई हो या ऐसे ही सामान्य से सम्मान और प्यार भरे संबोधन करना आदि बिल्कुल ही भूल जाते हैं। आइए जैसे-जैसे हम अगले दिन, सप्ताह, महीने और साल की ओर बढ़ें, हम उन लोगों की अच्छी तरह से पहचान कर लें जो हमारे लिए पैराशूट बाँधते हैं। बल्कि इससे भी अधिक महत्त्वपूर्ण प्रश्न जो हम अपने आपसे पूछ सकते हैं वह है, "हम किसका पैराशूट तैयार कर रहे हैं तथा कितनी लगन और तत्परता से तैयार कर रहे हैं?"

दिमाग नहीं, हृदय में रहने वाला स्मरण ही आभार है।

-लीओनेल हैम्पटन

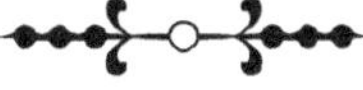

46

हक की मानसिकता को बदलें - आभारी रहें

एक बार एक पढ़े-लिखे युवक ने एक बड़ी कंपनी में प्रबंधकीय पद के लिए आवेदन किया। उन्होंने शुरुआती कुछ साक्षात्कार पास किए और फिर निर्णय लेने के लिए निदेशक ने उसे अंतिम साक्षात्कार के लिए बुलाया।

निदेशक ने उसके बायोडेटा से जाना की उम्मीदवार की शैक्षणिक उपलब्धियाँ माध्यमिक विद्यालय से लेकर पोस्ट ग्रेजुएशन तक सभी तरह से उत्कृष्ट थी। एक भी वर्ष ऐसा नहीं था जब उसने बहुत अच्छे अंक प्राप्त नहीं किये हों।

निदेशक ने पूछा, "क्या तुम्हें स्कूल और कॉलेज में कोई छात्रवृत्ति मिली थी?" युवक ने जवाब दिया, "जी नहीं"। निदेशक ने पूछा, "क्या तुम्हारे पिता ने शिक्षा के खर्च का भुगतान किया था?" इतना सुनकर उस युवक ने जवाब दिया, "जब मैं एक वर्ष का था, तभी मेरे पिता का निधन हो गया। यह मेरी माँ थी जिन्होंने मेरी शिक्षा का पूरा जिम्मा उठाया।

निदेशक ने पूछा, "तुम्हारी माँ कहाँ काम करती हैं?" युवक ने जवाब दिया, "मेरी माँ कपड़े धोने और प्रेस करने का काम करती है।" इतना सुनते ही निदेशक ने एक लंबी साँस ली और फिर कौतूहलतापूर्वक बोला, "अपने हाथ दिखाना तो जरा।" उस युवा ने अपने दोनों हाथ निदेशक को दिखाए जो कि बिल्कुल साफ और खूबसूरत थे।

उस निदेशक ने तत्काल ही प्रश्न किया, "क्या तुमने कपड़े धोने में कभी अपनी माँ की मदद की?" इसके उत्तर में उम्मीदवार ने कहा, "जी नहीं, मेरी माँ हमेशा मुझसे सिर्फ पढ़ाई की और अधिक से अधिक अंक लाने की उम्मीद करती थी। इसके अतिरिक्त मैंने माँ को इसलिए भी उनके काम में मदद की पेशकश नहीं की क्योंकि मेरी माँ मुझसे तेज और बेहतर कपड़े धोती हैं।"

निदेशक ने पूरी बात सुनने के पश्चात् कहा, "मेरा तुमसे एक अनुरोध है। आज जब तुम अपने घर पहुँचो, अपनी माँ के हाथों को साफ करना। मैं तुमसे कल पुन: मिलना चाहूँगा।"

उम्मीदवार को अब तक लगने लगा था कि उसे यहाँ नौकरी मिलने की संभावना काफी प्रबल है। वह खुशी-खुशी अपने घर की ओर चल पड़ा। घर पहुँचते ही वह अपनी माँ से गर्मजोशी से मिला और उससे बोला, "माँ! आज मैं बेहद खुश हूँ। आज मैं जहाँ से साक्षात्कार देकर आया हूँ, मुझे पूरी उम्मीद है कि वहाँ मेरी नौकरी लग जाएगी। परंतु नौकरी देने वाले की एक शर्त है।"

"कैसी शर्त बेटा?" माँ ने कुछ समझने की मुद्रा में प्रश्न किया।

बेटे ने कहना शुरू किया, "आज निदेशक साहब ने मेरी पढ़ाई-लिखाई की काफी तारीफ की। मुझे कई बार शाबाश भी कहा। फिर पिताजी के बारे में पूछा। उसके बाद आपके काम के बारे में पूछा और फिर आपका काम जानने के पश्चात् कहा, "आज अपनी माँ के हाथ अच्छी तरह से साफ करो, कल मैं तुमसे फिर मिलूँगा।"

माँ को कुछ अजीब सा लगा, लेकिन उसने अपने दोनों हाथ तत्काल ही अपने बेटे की तरफ बढ़ा दिए। अच्छी नौकरी की चाहत लिए पुत्र ने माँ के हाथों को पकड़ लिया। ऐसा पहली बार था जब उसने अपनी माँ के हाथों को ध्यानपूर्वक देखा था और उसे साफ करने की पहल की थी। उसे आज अपनी माँ के हाथों में झुर्रियाँ स्पष्ट नजर आ रही थी। उसके हाथ में चोटों के कई निशान मौजूद थे; इनमें से कुछ तो ऐसे कष्टदायक थे कि उस पर गर्म पानी पड़ते ही बेचारी माँ सिहर उठती थी । उनके ये दोनों हाथ दशकों के कठोर परिश्रम की गवाही दे रहे थे।

पहली बार उस युवक को अहसास हो रहा था कि उसकी माँ के यही दोनों हाथ थे जो प्रतिदिन मैले होकर उसके विद्यालय, महाविद्यालय और फिर विश्वविद्यालय में पढ़ने के लिए धन की व्यवस्था करते रहे। माँ के हाथों के जख्म पुत्र की शैक्षणिक श्रेष्ठता और उसके सुनहरे भविष्य के लिए की गई कुर्बानी की प्रत्यक्ष मिसाल थे।

माँ के हाथों को अच्छी तरह से धोने के उपरांत, पुत्र ने साफ-सफाई के लिए इकट्ठे किए गए सारे वस्त्रों को खुद ही धोया। उस रात माँ-बेटे ने काफी देर तक बात की।

अगले दिन सुबह वह उस निदेशक से मिलने निकल पड़ा। निदेशक ने उस युवक की आँखों में आँसू देखे। उसने तत्काल ही उससे प्रश्न

किया, "क्या तुम मुझे बताओगे की कल तुमने अपने घर पर क्या किया और क्या सीखा?"

युवक ने जवाब दिया, "मैंने अपनी माँ के घिसे हुए हाथों को स्वच्छ किया और फिर उनके हिस्से के सारे कपड़े खुद धोए।"

निदेशक ने फिर प्रश्न किया, "तो तुमने क्या सीखा?"

युवक ने उत्तर दिया, "मैंने आपके द्वारा सुझाई गई गतिविधि से काफी कुछ सीखा। मैंने महसूस किया कि किसी भी कार्य को सफलतापूर्वक पूरा करना कितना मुश्किल और कठिन होता है। इसमें न केवल बहुत सारी ताकत खर्च होती है, बल्कि अपने जीवन का स्वर्णिम समय इसमें चला जाता है। दरअसल हमें दूसरों का महत्त्व समझना चाहिए, उसके द्वारा किए गए किसी भी छोटे-बड़े कार्य के प्रति कृतज्ञता का ज्ञापन करना चाहिए। सच कहूँ तो अगर माँ ने अपनी सुख-सुविधाओं का बलिदान न किया होता तो आज मैं आपके सामने नहीं बैठ पाता"।

उस युवक ने आगे कहा, "सर मेरे लिए मेरी माँ ने सारी सुविधाओं का त्याग कर दिया और मेरा भविष्य बनाने के लिए ऐड़ी-चोटी का दम लगा दिया। मुझे अब इस बात में कोई शंका नहीं है कि दुनिया के सारे माँ-बाप अपने बच्चों, अपने परिवार के लिए ऐसा ही करते होंगे। जब बच्चे बड़े हो जाएँ तब उन्हें जरूर अपने माँ-बाप के प्रति आभारी होना चाहिए और उनकी बेहतरी के लिए हर संभव प्रयास करना चाहिए।"

"हमें हक की मानसिकता से बाहर आना चाहिए और चीजों को आभारपूर्ण हृदय से स्वीकार करना चाहिए", और इतना कहते-कहते उस युवक की आँखें डबडबा गईं। ये आँसू उसकी माँ के प्रति कृतज्ञता के थे।

निदेशक ने कहा, "मुझे अपने नए मैनेजर में यही सब चीजें चाहिए थीं। मैं ऐसे किसी व्यक्ति को बहाल करना चाहता था जिसे किसी की

मदद करना अच्छा लगता हो, जो किसी कार्य को पूरा करने में लोगों को हुई पीड़ा से वाकिफ हो और जिसकी जिंदगी का एकमात्र मकसद पैसे कमाना न हो। तुम आज से इस कंपनी का हिस्सा हो, मेरे दोस्त।"

इतना सुनते ही उस युवक की खुशी का कोई ठिकाना न रहा। उसने मन ही मन अपनी माँ को याद किया और फिर लग गया पूरी तत्परता और लगन से अपने काम में। जल्द ही वह सफलता के एक पायदान से दूसरे पायदान पर चढ़ता गया और बाद में चलकर उसका नाम कंपनी के सबसे सम्माननीय मुख्य कार्यकारी अधिकारियों में शुमार हो गया। कंपनी के मुनाफे में बेतहाशा वृद्धि हुई और इससे भी महत्त्वपूर्ण बात यह हुई कि अब कर्मचारियों की खुशी और उनकी बेहतरी के बारे में सोचना कंपनी की संस्कृति बन चुकी थी।

एक बच्चा जिसे दुनिया के ऐशो-आराम की तमाम चीजें बिना किसी परिश्रम के मिल जाती हैं उसे इस बात का अहसास बिल्कुल नहीं होता कि आखिर ये चीजें किस बलिदान के बदले आयी हैं, इसमें कितना परिश्रम लगा है, कितनी रातों की नींद के एवज में इसे प्राप्त किया गया है, और कितने कम लोगों को ये सब प्राप्त है। उसमें तो बस "हक की मानसिकता" घर कर जाती है और वह "मेरा, मुझे, मेरे लिए" से बाहर नहीं निकल पाता है। वह अपने माता-पिता के अथक प्रयासों और समाज की महत्त्वपूर्ण भूमिका से बिल्कुल ही अनजान रहता है। वह जब नौकरी करना शुरू करता है तो हर किसी से उसकी खुद की बातों को सुनने की अपेक्षा रखता है और वह भी बिना रोक-टोक। जब ऐसे व्यक्ति मैनेजर बनते हैं तो उन्हें अपने सहकर्मियों को हो रही असुविधा, दिक्कत आदि का कोई ज्ञान नहीं रहता है और नतीजतन ऐसे लोग हमेशा दूसरों पर दोषारोपण करते रहते हैं। इस तरह के लोग पढ़ाई-लिखाई की दृष्टि से चाहे कितने

ही अच्छे रहे हों, कुछ दिन तक भले ही अपनी कंपनी में सफल रहें परंतु अंत में वो कुछ बड़ा हासिल कर पाने में सफल नहीं हो सकते।

आइए हम "हक की मानसिकता" से बाहर आएँ। हमारे पास जो कुछ भी है, उस सबके लिए कृतज्ञ रहें और उन सब लोगों को दिल की गहराइयों से धन्यवाद दें जिन्होंने हमारी सफलता में कुछ न कुछ योगदान दिया है।

कोई भी छोटी-बड़ी सफलता लोगों के सहयोग के बिना संभव नहीं है। बुद्धिमान और विचारवान व्यक्ति लोगों की छोटी से छोटी मदद को कृतज्ञता के साथ ग्रहण करते हैं।

-अल्फ्रेड व्हाइटहैड

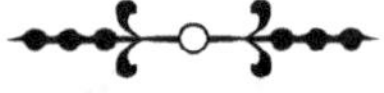

47

जैसी सोच - वैसे परिणाम

एक आदमी के जुड़वा बेटे थे अयान और विहान। अयान हमेशा जीवन के बारे में उत्साहित रहता था और बहुत अच्छी सोच वाला था, जबकि विहान हमेशा दुखी रहने वाला और शिकायती था। वह एक गुरु के पास गया और मदद के लिए अनुरोध किया। गुरु ने बताया, "पहले मुझे तुम दोनों भाइयों के नजरिए का परीक्षण करने दो।" तभी मैं सहायता के विषय पर चर्चा कर पाऊँगा। इतना कह कर वह दोनों बच्चों को दो अलग-अलग कमरों में ले गए। उन्होंने अयान और विहान को आवंटित कमरों में एक-एक घंटे बिताने के लिए कहा।

विहान का कमरा हर उस चीज से भरा था जिसे पाने का सपना कोई भी बच्चा देखेगा। इसमें रंगीन, महँगे खिलौने, घर के भीतर खेलने का सामान, टेलीविजन, फैंसी कपड़े और क्या-क्या नहीं था। उधर, अयान

का कमरा गधों की गंदगी से भरा था। जब विहान के कमरे को एक घंटे के बाद खोला गया, वह बुरी तरह से रोता मिला। जब गुरु ने उससे रोने का कारण पूछा तो वह बिलखते बोला, "मुझे अपने खिलौनों की बैटरी नहीं मिल रही है, इन कपड़ों का रंग मुझे पसंद नहीं, और ये टेलीविजन, इसका एक भी चैनल मेरी पसंद का नहीं है। मैं कहाँ जाऊँ, क्या करूँ, तब से चिल्ला रहा हूँ, मेरी कोई नहीं सुन रहा"।

गुरु ने फिर अयान का कमरा खोला। अंदर कदम रखते ही वह बिल्कुल सन्न रह गए। वह बच्चा पाँव से सिर तक गधे की गंदगी से ढका पड़ा था। यहाँ तक की उसका चेहरा भी साफ-साफ नजर नहीं आ रहा था। गुरुजी चिंतित स्वर में बोले, "क्या तुम ठीक हो, अयान?" अयान ने तुरंत जवाब दिया, "जी गुरुजी। दरअसल यहाँ पर बहुत सारी गधों की गंदगी इधर-उधर पड़ी थी। मुझे देखते ही लगा की इस गंदगी के बीच गधे कैसे बैठ पाएँगे। इसलिए मैंने सारी गंदगी को एक कोने में इकट्ठा कर लिया है ताकि इसे हटाना आसान हो जाए और गधों को आराम फरमाने के लिए एक स्वच्छ जगह मिल सके।"

मित्रों, इस संसार में तीन तरह के लोग होते हैं कैदी, स्वच्छंद और खोजी। कैदी वे हैं जो अपने विचारों, स्व:रचित परिस्थितियों से पीड़ित हैं। वे हमेशा दूसरों पर लांछन लगाते हैं और शिकायती स्वभाव वाले होते हैं। स्वच्छंद वे हैं जो सोचते हैं कि बस वे पृथ्वी पर समय बिताने करने के लिए आये हैं किसी तरह के महत्त्वपूर्ण कार्य की सिद्धि के लिए नहीं। वे जिस तरह से और जैसा अपना जीवन गुजार रहे हैं, वही काफी है जबकि खोजी वे हैं जो कि बेहतर से बेहतर संभावनाओं की तलाश में रहते हैं और अपना, या समाज, या देश ही नहीं बल्कि विश्व की बेहतरी के लिए प्रयासरत रहते हैं। वे व्यावहारिक एवं कर्मशील होते हैं। परिस्थिति, कितनी भी प्रतिकूल क्यों न हो, वे उससे कुछ न कुछ बेहतर अवसर निकाल ही

लेते हैं। बल्कि उनके लिए कोई भी परिस्थिति या घटना प्रतिकूल नहीं होती। संक्षेप में कहें तो, वे सभी प्रतिकूल परिस्थितियों को बेहतर संभावनाओं में बदल देते हैं।

अब ये निर्णय आपको लेना है कि आप इन तीनों में से कौन सी सोच वाले हैं। आप इस लाइन तक पढ़ रहे हैं और यह पुस्तक पूरी करने के काफी करीब हैं अत: स्पष्ट है कि आप एक खोजी विचारवाले ही हैं।

समय आ गया है लीक से हटकर सोचने का ताकि हम अपार संभावनाओं की तलाश कर सकें और उन्हें सुलभ बना सकें।

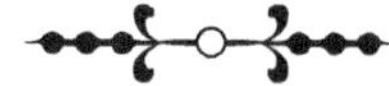

48

जिंदगी जीने में उम्र कोई बाधा नहीं

मैनेजमेंट के एक कॉलेज में जॉन का यह पहला दिन था। वह अति उत्साहित होकर अपनी कक्षा में उपस्थित होने के लिए पहुँचा था। छात्रों को नई जानकारियाँ देने तथा कॉलेज से परिचित करवाने के उद्देश्य से उसी दिन एक जान पहचान कार्यक्रम का आयोजन किया गया था। जॉन अपनी कक्षा में अन्य छात्रों से मिलजुल रहा था। तभी उसके कंधों को एक कोमल हाथ ने छूआ। वह सहसा पीछे मुड़ा। एक ठिगने कद की झुर्रीदार चेहरे वाली काफी बूढ़ी औरत उसे देखकर मुस्कुरा रही थी। मानो उस मुस्कान से उसके रोम-रोम पुलकित हो रहे हों। उस औरत ने कहा, "हाय हैंडसम, मेरा नाम रोज़ है। मैं 87 साल की हूँ, क्या मैं तुम्हारे गले लग सकती हूँ?"

जॉन हँसा और बड़े ही गर्मजोशी से उत्तर दिया, "बिल्कुल, ये मेरे लिए बहुत बड़ी खुशी की बात होगी।" जॉन की हामी सुनने के बाद उस महिला ने उसका गर्मजोशी से आलिंगन किया। जॉन ने छूटते ही उस स्त्री से मज़ाकिया भाव से कहा, "इतनी कमसिन उम्र में आप महाविद्यालय कैसे पहुँच गईं" उस महिला ने भी ठीक उसी अंदाज में उत्तर दिया, "मैं यहाँ एक मालदार जीवनसाथी की तलाश में आयी हूँ, ताकि मैं उससे शादी कर सकूँ और 2 बच्चे पैदा कर सकूँ"।

जॉन ने पूरी कक्षा पर एक सरसरी नजर दौड़ायी और बोल पड़ा, "देखते हैं इस बैच से कौन खुशकिस्मत तुम्हें पसंद आता है" और दोनों हँसने लगे। जॉन यह जानने के लिए उत्सुक था कि इस उम्र में पढ़ाई के लिए उसे क्या या कौन प्रेरित कर रहा है।

कुछ ही दिनों में जॉन और रोज़ एक दूसरे से काफी देर तक बातचीत करने लगे थे। एक दिन मौका देखते ही जॉन ने रोज़ से पूछा, "क्या मैं आपसे इस उम्र में पढ़ाई करने का कारण जान सकता हूँ?

रोज़ ने मुस्कुराते हुए कहा, "हाँ हाँ क्यों नहीं। मेरा एक जमा-जमाया व्यवसाय है। मेरा एक सुंदर सा घर और परिवार भी है। परंतु मेरे पास किसी कॉलेज की डिग्री नहीं थी। मैं वर्षों से किसी अच्छे कॉलेज से शिक्षा ग्रहण करना चाहती थी। अब जाकर मेरा यह सपना साकार हुआ है"।

कक्षा की समाप्ति पर दोनों अक्सर कैंपस की जलपानशाला चले जाया करते थे और चॉकलेट, मिल्कशेक आदि पीया करते थे। वे अपना अधिकतर समय कुछ विषयों की अत्यंत महत्त्वपूर्ण बातों पर चर्चा करने में बिताते थे। अगले वर्ष के चारों टर्म (12 महीनों) में कॉलेज में उनकी दिनचर्या लगभग एक सी रही। साथ-साथ कक्षा से निकलना और फिर जलपानशाला या कैंपस में कहीं और घंटों गप्पें मारना। जॉन को

कभी-कभी रोज़ के अंदर की ऊर्जा देखकर बड़ा ही आश्चर्य होता था। वह अक्सर विस्मित भाव से सोचा करता था इतनी ऊर्जा और ये भी उम्र के इस पड़ाव में! रोज़ जॉन से अक्सर अपनी अक्लमंदी और अनुभव साझा किया करती थी। दोनों ने कॉलेज की सभी परीक्षाओं में बेहतरीन अंक हासिल किए।

इन 12 महीनों में रोज़ कैंपस की सबसे चर्चित महिला बनकर उभरी। वह जहाँ भी गई, अपने दोस्त बनाए। उसे स्टाइलिश कपड़े पहनना पसंद था और साथ ही अपने सहपाठियों का उस पर विशेष नजर रखना उसे अच्छा लगता था।

कोर्स की समाप्ति पर आयोजित दीक्षांत (कोन्वोकेशन) समारोह में उसके सहपाठियों और शिक्षकगण ने रोज़ से कुछ बोलने का अनुरोध किया।

लोगों के आग्रह को स्वीकार करते हुए वह माइक्रोफोन की तरफ बढ़ी। मंच पर पहुँचते ही उसने जैसे ही माइक्रोफोन को संभालना चाहा कि उसका संबोधन पत्र नीचे गिर गया। थोड़ी घबराई परंतु माइक्रोफोन को झुककर पकड़ा और बस बोलना शुरू कर दिया,

"मैं आपसे क्षमाप्रार्थी हूँ कि मैं थोड़ी नर्वस हूँ। मैंने अपने कुछ सहपाठियों के आग्रह से बीयर पीनी छोड़ दी और ये व्हिस्की मेरी जान खा रही है। मुझे नहीं लगता कि मैं नीचे पड़े कागज के टुकड़े को उठा पाऊँगी और अच्छी-अच्छी बातें आप लोगों से कह पाऊँगी । तो, इजाजत हो तो मैं बिना कुछ पढ़े आप लोगों से कुछ बातें कहूँ।

श्रोताओं के ठहाके और तालियों के बीच रोज़ ने अपना गला साफ किया और बोलने लगी, "हम लोग इसलिए खेलना-कूदना बंद नहीं करते हैं क्योंकि हम लोग बूढ़े हो गए होते हैं; बल्कि हम लोग बूढ़े इसलिए हो

जाते हैं क्योंकि खेलना-कूदना बंद कर देते हैं। जवान बने रहने और जीवन में मनचाही सफलता प्राप्त करने के सिर्फ चार ही उपाय हैं:

(1) **आपको हँसते रहना है और प्रत्येक दिन हँसी-खुशी से गुजारना है** जीवन में गंभीर होने का समय कहाँ है जीवन है ही इतना छोटा।

(2) **आपको सपने देखने वाला होना ही होगा** जब आप सपने देखना बंद कर देते हैं तो आपका अंत हो जाता है। हम कितने लोगों को अपने आस-पास चलते-फिरते देखते हैं, परंतु उन लोगों में अब जान नहीं बची; ये बात और है कि उन्हें इस बात का एहसास नहीं होता है। सपने देखो और पूरा करने के लिए उत्साहित रहो।

(3) **बूढ़ा या उम्रदराज होना कोई उपलब्धि नहीं होती** ये तो बिल्कुल अनायास ही हो जाता है। परंतु, बड़ा बनना एक विकल्प है, एक चुनाव है, एक जिद है, जिसमें मेहनत लगती है। बड़े का मतलब उम्र में बड़ा नहीं। मैं 88 साल की हूँ। यदि मैं अगले 1 साल तक बिस्तर पर लेटी रहूँ, कहीं न जाऊँ, कोई काम न करूँ, फिर भी अगले साल 89 की हो ही जाऊँगी। उसमें किसी भी तरह के परिश्रम की कोई आवश्यकता नहीं होगी। परंतु सवाल ये है कि क्या मैं अगले एक साल में अपने अनुभवों को बढ़ा पाऊँगी, ऐसा कुछ भी कर पाऊँगी जो मैं बीते वर्षों में नहीं कर पाई।

(4) **किसी तरह का कोई पछतावा नहीं मेरी** उम्र के लोगों को साधारणतया अपने किए का कोई पछतावा नहीं रहता, परंतु उन्हें बहुत सारी चीजें न करने सिर्फ पछतावा अवश्य रहता है और हाँ, एक मात्र तरह के लोग जिन्हें मृत्यु से भय लगता है वो यही

पछतावा करने वाले लोग हैं। कोई पछतावा नहीं रखो, जीवन को जीवंत बनाए रखो।

अपने संबोधन के अंत में उसने एक खूबसूरत गाना भी गाया।

रोज को डिस्टिंक्शन के साथ व्यवसाय प्रबंधन में स्नातकोत्तर की डिग्री मिली। वह डिग्री लेकर अपने घर चली गई, पीढ़ी-दर-पीढ़ी की प्रेरणा का स्रोत बन गई। एक साल के उपरांत रोज ने नींद में ही अपनी अंतिम साँस ली। कॉलेज से एक हजार से भी अधिक छात्र, पुराने छात्र और शिक्षकगण उस महान महिला को अश्रुपूर्ण और भावभीनी श्रद्धांजलि देने पहुँचे। रोज़ ने बहुत से लोगों को तनाव को किनारे करते हुए हरदम हँसते रहने की कला सिखाई। रोज़ ने एक सपना देखा, उसे पूरा करने के लिए परिश्रम किया और उम्र के साथ अपनी समझदारी बढ़ाने की आवश्यकता को भी समझा और फिर बिना किसी पछतावे के भगवान को प्यारी हो गई।

उम्र बढ़ना अवश्यम्भावी है परंतु समझदारी को खुद ही बढ़ाना पड़ता है।

-बॉब मॉन्कहाउस

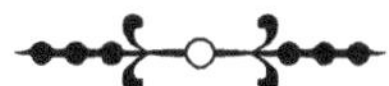

49

प्रेरक बनकर जीना चाहते हैं
या शिकायतकर्त्ता

थॉमसन इस तरह का मैनेजर था जिसके साथ आप नर्क तक भी चलने को विवश हो जाते। उसका मूड हमेशा अच्छा रहता और सिर्फ सकारात्मकता ही उसकी बोली से टपकती। उससे जब भी कोई पूछता, "तुम्हारी नौकरी कैसी चल रही है?" तो उसका तुरंत ही जवाब मिलता, "मैं बेहद प्रसन्न हूँ। बताइए मैं कैसे आपकी सेवा कर सकता हूँ?"

बहुतों का वह मनपसंद मैनेजर था। बहुत सारे स्टाफ मेंबर्स उसके साथ ही अपनी नौकरी बदल लेते थे। ज्यों ही वह किसी दूसरे होटल में

काम करना शुरू करता बहुत सारे वेटर्स तथा रसोइए उसके साथ ही काम करने की लालसा लिए चल पड़ते। उसके विनम्र स्वभाव और सकारात्मक दृष्टिकोण में ही ऐसी कुछ बात थी कि उसके साथ काम करने वाले, उससे मिलने वाले, सभी उससे प्रभावित हुए बिना नहीं रह पाते। वह सबका एक स्वाभाविक प्रेरणास्रोत बन चुका था। यदि किसी कर्मचारी पर कभी कोई मुसीबत आती तो वह उससे फौरन मिलता और उसमें छुपी संभावना या उसकी ताकत की तरफ उसका ध्यान दिलाता; मानो इसकी सोच में नकारात्मकता है ही नहीं। एक दिन उसके एक करीब मित्र ने उससे पूछा, "मेरी समझ में नहीं आता। इतनी सकारात्मक सोच तुम कैसे कायम रख पाते हो?"

थॉमसन ने इस रहस्य से पर्दा उठाते हुए कहा, "प्रत्येक सुबह जब मैं उठता हूँ तो अपने आपसे कहता हूँ, थॉमसन, आज तुम्हारे पास दो विकल्प हैं या तो तुम आज पूरे दिन अच्छे मूड में रहो या फिर अपना पूरा दिन खराब मूड की भेंट चढ़ा दो। क्योंकि किसी भी समय तुम दोनों मूड के साथ नहीं रह सकते हो। या तो मूड खराब रखोगे या बढ़िया, ऐसा कदापि नहीं होगा कि तुम किसी को कहोगे कि मेरा मूड बढ़िया और खराब दोनों है।"

इसलिए मैं पूरे दिन के लिए अच्छा मूड रखने का अपने आपसे वादा करता हूँ। यदि कभी कुछ बुरा भी होता है तो मैं यही सोचता हूँ... इस समय मेरे पास दो विकल्प हैं इससे पीड़ित हो जाऊँ या इससे पार पा लूँ और तब मैं दूसरा वाला विकल्प चुनता हूँ। मैं हर विषम से विषम परिस्थिति से कुछ सीखने की कोशिश करता हूँ। जब भी कभी मेरे से जुड़ा कोई व्यक्ति अपनी समस्या लिए मेरे पास आता है तो मैं उसकी असुरक्षा की भावना, डर, चिंता, आशंका आदि बढ़ाने के बदले उसी की बातों से कुछ सकारात्मक चुन लेता हूँ और फिर उसकी व्याख्या करते हुए

उस परिस्थिति से निकलने के लिए प्रेरित करता हूँ। मैं लोगों को नकारात्मकता को अपनाने के लिए नहीं, बल्कि सकारात्मकता को ग्रहण करने के लिए प्रेरित करता हूँ।

उसने फिर आगे कहा, "मेरे दोस्त! जीवन बस विकल्प चुनने का परिणाम है। परिस्थिति चाहे कैसी भी क्यों न हो, आप उसमें किस तरह से प्रतिक्रिया देंगे, वह पूरी तरह आप पर निर्भर करता है। लोग तुम्हारा मूड खराब नहीं करते, बल्कि तुम लोगों को अपना मूड खराब करने की आजादी दे डालते हो। संक्षेप में कहें तो तुम्हारे जीवन का स्तर तुम्हारे विकल्पों के चयन की प्रकृति पर निर्भर करता है।"

कई वर्षों के बाद, थॉमसन से कुछ ऐसी गलती हो गई जो कि शायद रेस्टोरेंट उद्योग से जुड़ा कोई भी व्यक्ति नहीं करेगा। एक दिन वह रेस्टोरेंट के पीछे का दरवाजा खुला ही छोड़कर प्रवेश कर गया। वह मुश्किल से 10 कदम आगे बढ़ा होगा की तीन बंदूकधारी डाकुओं ने उसे घेर लिया। उसे वे तीनों रेस्टोरेंट के भीतर ले गए और फिर उसके ऊपर बंदूक ताने उससे तिजोरी खोलने को कहा। तिजोरी खोलने के दौरान घबराहट के चलते चाबी तिजोरी में नहीं लगी बल्कि सीधे नीचे गिर गई। जैसे ही थॉमसन चाबी लेने के लिए नीचे झुका, डाकूओं को लगा की वह कोई चाल चल रहा है, घबराहट में उन्होंने थॉमसन पर गोलियाँ चला दी। गोली चलते ही लोग उस आवाज का पीछा करते हुए रेस्टोरेंट की तरफ आने लगे। डाकू खतरे को भांपकर वहाँ से रफ्फूचक्कर हो गए। सौभाग्य से उसके सहकर्मियों ने उसे समय पर नजदीक के अस्पताल में भर्ती करा दिया। 18 घंटे तक चली सर्जरी और कई सप्ताह की गहन देखभाल के बाद थॉमसन को अस्पताल से छुट्टी मिल गई। परंतु, गोलियों के निशान अब भी उसके शरीर में शेष थे।

एक दिन उसका एक पुराना साथी उसे देखने आया। उसने उसके शरीर पर गोलियों के निशान देखे और उससे पूछा, "अब तुम कैसा महसूस कर रहे हो?"

थॉमसन का अब भी वही पुराना जवाब था, "मैं बिल्कुल ठीक हूँ जी; बताओ आज मैं आपके किस काम आ सकता हूँ?"

उसके दोस्त ने कहा, "ये बताओ की जब डकैतों ने तुम्हें घेर लिया तब उस वक्त तुम्हारे मन में सबसे पहला ख्याल क्या आया?"

थॉमसन प्रश्न सुनते ही बोल पड़ा, "पहली सोच तो यही आई थी कि मुझे अपने रेस्टोरेंट के पीछे का दरवाजा बंद करना भूलना नहीं चाहिए था। जब मुझे डकैतों ने बंदूक की नोक पर जमीन पर लिटा दिया तो मुझे उस समय दो विकल्प नजर आए; जिंदा रहने का या फिर अपनी जान गँवा देने का। मैंने जीना अपने विकल्प के रूप में चुना।

"क्या तुम भयभीत नहीं हुए थे? क्या तुम बेहोश हो गए थे?" उसके दोस्त ने उससे अगला प्रश्न किया।

इसके उत्तर में थॉमसन ने कहा, चिकित्सा सहायता सराहनीय थी। परंतु जब स्वास्थ्य सेवाकर्मी मुझे व्हील चेयर पर ले जा रहे थे और मैंने डॉक्टर और परिचारिकाओं के चेहरे पर तनाव के भाव देखे, तब मैं जरूर भयभीत हुआ। मैंने जब उनकी आँखों की तरफ देखा तो ऐसा लगा मानो वे कह रहे हों...'अब इसमें कुछ भी नहीं बचा। इसे अब मृत ही समझो।' लेकिन तभी मैंने कुछ करने की ठानी।

"तो क्या किया तुमने?" थॉमसन के मित्र ने उत्सुकतावश पूछा।

'एक तंदरूस्त परिचारिका (नर्स) ने मुझसे चिल्लाते हुए पूछा, "ऐलर्जी तो नहीं है किसी चीज से तुम्हें।" मैंने कहा "हाँ है।" इतना सुनते ही मेरे ऑपरेशन की तैयारी कर रहे डॉक्टर ठिठक गए। एक गहरी लंबी

साँस लेने के बाद मैंने उनसे कहा, "कृपया मेरे जिस्म से गोली निकालिए, ऑपरेशन कीजिए, मैं जिंदा हूँ, जिंदा रहना चाहता हूँ। मुझे गोली से एलर्जी है।" इस पर सभी लोग हँस पड़े।

थॉमसन का ऑपरेशन कामयाब हुआ और वह जी गया; शायद इसलिए क्योंकि उसने जीना चुना था। डॉक्टर की मुस्तैदी तो थी ही, परंतु थॉमसन को जीवनदान देने में जिसकी सबसे महत्त्वपूर्ण भूमिका रही वह था उसका सकारात्मक दृष्टिकोण और जीते रहने के विकल्प का चुनाव, आखिरकार सबसे महत्त्वपूर्ण हमारी (सकारात्मक) सोच ही है। थॉमसन पूरे इलाज के दौरान काफी खुशमिजाज रहा। *इसलिए बेहतर विकल्प चुनो, अच्छा मूड बनाए रखो और बेहतर जिंदगी जीने के लिए हमेशा अवसरों की तलाश जारी रखो। जब हम किसी को अपने सान्निध्य में अच्छा महसूस करवाते हैं, तो वह हमारे साथ अधिक से अधिक समय बिताना चाहते हैं और यहाँ पर यह जानना भी महत्त्वपूर्ण है कि इसका उल्टा भी उतना ही सत्य है। हमारा परिस्थितियों पर वश चाहे हो या न हो, परंतु उसका संचालन और उससे निपटने की रणनीति बिल्कुल हमारी खुद की ही होती है।*

या तो परिस्थितियों से पीड़ित हो जाओ या उनसे प्रेरित हो जाओ। जो भी होने वाला है, यह पूरी तरह से आप ही तय करते हैं।

-वायने डायर

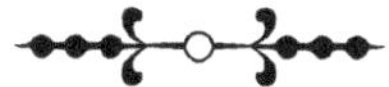

खामियाँ खूबसूरत हो सकती हैं

बात पुराने जमाने की है, एक जलवाहक दो बड़े घड़ों को रस्सियों के सहारे बांस के दोनों छोरों पर बांधकर अपने कंधे पर लटकाकर अपने मालिक के घर प्रतिदिन जल पहुँचाया करता था। इन दोनों घड़ों में से एक में छेद हो गया था जिससे पानी टपक जाया करता था और गंतव्य तक पहुँचते-पहुँचते उसका सिर्फ आधा पानी ही शेष बच जाता जबकि दूसरा घड़ा बिल्कुल सही था जिसके फलस्वरूप उसमें भरा पूरा का पूरा पानी बिना कम हुए जलस्रोत से उसके मालिक के यहाँ पहुँचता था। पूरे एक साल तक यही सिलसिला चलता रहा। जलवाहक इसी तरह रोज अपने घड़े लिए नदी किनारे पहुँचता, दोनों घड़ों में पानी भरता, और फिर लगभग डेढ़ घड़ा जल अपने मालिक तक पहुँचाता था। क्षिद्र-रहित घड़े को अपनी इस उपलब्धि पर गर्व होता था, वहीं दूसरी ओर छिद्रदार

घड़े को यह अहसास काफी विचलित करता कि वह अपने घड़े में भरे जाने वाले पानी में से आधा व्यर्थ ही गंवा देता था। लगभग एक वर्ष तक ग्लानि के अथाह सागर से गुजरने के बाद, एक दिन जलधारा के समीप उसने जलवाहक से कहा, "मुझे अपने आप पर बहुत लज्जा आ रही है। मैं आपसे क्षमाप्रार्थी हूँ।"

"क्यूँ?" जलवाहक ने पूछा। "वह कौन सी ऐसी चीज है जो तुम्हें अपनी ही नजरों में गिरा रही है?"

इस पर उस घड़े ने अपने मन की बात कहनी शुरू की, "पिछले एक साल से मैं सिर्फ अपनी क्षमता का आधा पानी ही आपके मालिक के घर तक पहुँचा पाता हूँ। मेरे अंदर छिद्र होने के कारण मैं सारे पानी को सुरक्षित नहीं रख पाता हूँ और लगभग आधा पानी रास्ते में ही व्यर्थ चला जाता है। मेरी गलती के चलते आप पूरा पानी अपने मालिक तक नहीं पहुँचा पाते। इसमें पूरी की पूरी मेरी गलती है।"

जलवाहक ने इतना सब सुनने के पश्चात् उस घड़े की तरफ बड़े ही प्यार से देखा और फिर संवेदनापूर्ण भाव से बोलना शुरू किया, "अरे... ऐसा बिल्कुल नहीं सोचते... तुम्हारे छिद्र ने तो वो कर दिखाया जो तुम छिद्र के बिना नहीं कर पाते।"

घड़े के विस्मित भावना को सहज करते हुए जलवाहक ने कहना शुरू किया, "दरअसल मैंने तुम्हारी और के रास्ते में फूल के पौधे लगाए थे। जब तुम्हारे छिद्र से पानी रिसता था तो वह जाकर पौधों में पहुँचता था जिससे पौधे जल्दी ही बड़े हो गए और फूल देने लगे।"

इतना सुनने के पश्चात् भी घड़े का पछतावा कम होते न देख जलवाहक ने उसको और आगे की बात बताई, "क्या तुमने कभी यह गौर किया कि तुम्हारे साथी घड़े की ओर फूल नहीं लगे थे? और ऐसा इसलिए

था क्योंकि मुझे तुम्हारी काबिलियत (छिद्र) के बारे में पता था। मैंने तुम्हारी इसी काबिलियत का फायदा उठाया, और सिर्फ तुम्हारी तरफ ही पौधे उगाये। उससे बहुत सारे फूल खिले और फिर उन फूलों को ले जाकर मैं अपने मालिक के यहाँ सजाने लगा। तो जिसे तुम पिछले एक साल से अपनी कमजोरी समझ रहे थे, वो दरअसल तुम्हारी ताकत थी, और उसी का उपयोग कर मैं अपने मालिक का घर पिछले कई महीनों से गुलजार करता आया हूँ। दोस्त! अगर सही कहूँ तो यदि तुम्हारे अंदर ये काबिलियत नहीं होती, तो मैं अपने मालिक के घर को कैसे सजाता?"

सही कहा उस जल ढ़ोने वाले ने, हम में से सभी के अंदर एक विलक्षण कमी होती है। हम सभी शायद उस छिद्रदार घड़े की तरह होते हैं। परंतु, यदि हम अनुमति दें तो ईश्वर हमारी इस कमी को खूबी में बदल कर हमारे जीवन को खूबसूरत बना देगा। उनकी कुछ ऐसी व्यवस्था है कि कुछ भी व्यर्थ नहीं जाता। अत: हमें अपनी खामियों के चलते खिन्न नहीं रहना चाहिए। बल्कि उन्हें पहचानें और ईश्वर को सौंप दें। हमारा जीवन इसके समुचित उपयोग से स्वत: ही खूबसूरत हो जाएगा। हम लोग अपनी कमियों को गुणों में बदल सकते हैं।

इसे बेहतर ढंग से समझने के लिए आधुनिक युग का एक उदाहरण लेते हैं। बड़े शहरों में ट्रैफिक जाम के चलते निश्चय ही वहाँ रहने वाले लोगों का बहुत सारा समय, ऊर्जा और उनकी गाड़ियों का ईंधन व्यर्थ जाता है। परंतु, इसके साथ-साथ यह भी उतना ही सत्य है कि उस समय में कुछ लोग ऑडियो बुक आदि सुनकर अपना ज्ञान वर्धन कर उस समय का सदुपयोग कर लेते हैं। फलस्वरूप, अपनी किस्मत को कोसने वाले की तुलना में उनके करियर का ग्राफ ऊँचा चला जाता है। वे स्वयं लोगों को बताते हैं कि अगर लंबे समय तक ट्रैफिक जाम में फंसा रहना उनकी दिनचर्या का अंग नहीं होता तो संभव है कि वे अपने प्रतिस्पर्धियों से आगे

नहीं निकल पाते या अपने करियर को और बेहतर नहीं बना पाते। इसका मतलब ये कतई नहीं है कि ट्रैफिक जाम अच्छे हैं किंतु यह है कि व्यर्थ होने वाले समय का सदुपयोग भी किया जा सकता है।

हमें शिकायत करने से बचना होगा। बल्कि अपने हुनर और परिस्थिति विशेष का भरपूर उपयोग करना सीखना होगा। विश्वास रखिए हम अपने अंदर मौजूद अधिकतर खामियों को या तो ठीक कर सकते हैं या उनका समुचित उपयोग कर उसे खूबी में परिवर्तित कर सकते हैं।

मेरे अंदर भी कई खामियाँ हैं, परंतु मैं एक अनुभवी व्यक्ति हूँ, मुझे हारना या प्राप्त अवसर को गंवा देना गंवारा नहीं।

–क्रिस्टिआनो रोनाल्डा

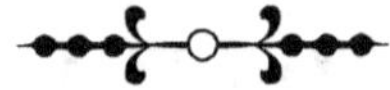

51

जीवन की असली संपत्ति पर ध्यान दें - सुखी रहें

एक प्रतिष्ठित प्रबंधन संस्थान के भूतपूर्व छात्रों के एक समूह ने एक बार अपने कॉलेज के प्राध्यापकों से मिलने के उद्देश्य से संस्थान जाने की योजना बनाई। वे सभी भूतपूर्व छात्र उस संस्थान से पढ़कर अब उच्च पदों पर आसीन थे।

संस्थान पहुँचते ही सबकी बीते दिनों की यादें ताजा हो गईं। सभी संस्थान के उन दिनों को याद करने लगे और बीच-बीच में ठहाकों की गूँज भी सुनाई दी। प्राध्यापक के आते ही कुछ गंभीर बातें शुरू हो गई। बातचीत का दूसरा दौर शुरू हुआ ही था कि नौकरी और जीवन से जुड़े तनावों से संबंधित विचार वार्तालाप के केंद्रबिंदु बन गए। इतने में प्राध्यापक महोदय अपनी सीट से उठे और अपने पूर्व छात्रों के लिए कॉफी बनाने

लगे। तुरंत ही कॉफी से भरे जग और ढेर सारे कपों की ट्रे के साथ प्राध्यापक महोदय छात्रों के सामने आए। कप कमाल के थे - पोर्सिलिन के, प्लास्टिक के, काँच के, क्रिस्टल के, कुछ समतल, कुछ काफी महँगे तो कुछ उत्कृष्ट और कुछ प्यालियों में मजाकिया या प्रेरक उद्धरण लिखी हुई। प्राध्यापक ने कॉफी और कपों को रखते ही सबको कॉफी के लिए आमंत्रित किया।

जब सबके हाथ में एक-एक कप आ गया तब प्राध्यापक ने भी कॉफी की चुस्की लेते हुए कहा, "यदि तुमने गौर किया हो तो अच्छे दिखने वाले और बेशकीमती प्यालों में से एक भी नहीं बचा और बिल्कुल सतही व अनाकर्षक से कप किसी के हाथ में नहीं है। हालाँकि बेहद स्वाभाविक है कि तुम अपने लिए सर्वोत्तम सुलभ चीजों का चुनाव करो, लेकिन यही ललक और चाहत सभी समस्याओं और तनावों की जड़ भी है। तुम सभी ये भली-भाँति जानते हो कि कप से कॉफी के स्वाद पर कोई प्रभाव नहीं पड़ता है। परंतु कप को उठाते समय शायद किसी को इसका अहसास नहीं था। तुम सबको कॉफी ही मिलने वाली थी, लेकिन कप उठाते समय तुम्हारे लिए महत्त्वपूर्ण कॉफी नहीं बल्कि वह जिस प्याले में है, वो हो गया। और तुम सब एक-दूसरे के कप की तरफ देखते रहे।

अब इस चीज को कॉफी और कप से अलग करके सोचो। जीवन को हम कॉफी की उपमा दे सकते हैं, और नौकरी, पैसे, समाज में हमारा स्थान आदि को कॉफी के कप की। ये सब हमारे जीवन को संभाले रहते हैं, ठीक इन कपों की तरह। जिस तरह का जीवन स्तर हमें अपनी पढ़ाई, कौशल, अनुभव आदि के आधार पर मिला है अगर इससे कम स्तर का भी मिलता तो जीवन विशेष पर इसका कोई प्रभाव नहीं पड़ता, जैसे कि अगर हम सस्ते या आकर्षण विहीन कप में कॉफी पीते फिर भी उसके स्वाद पर इसका कोई प्रभाव नहीं पड़ता। जिस तरह कप का कॉफी के

स्वाद के लिए कोई महत्त्व नहीं है उसी प्रकार नौकरी (कम या ज्यादा आय वाली), फ्लैट, बैंक में जमा रुपए आदि से हमारे जीवन पर इतना अधिक प्रभाव नहीं पड़ता। इसलिए पैसे इकट्ठा करना, महँगी से महँगी गाड़ी खरीदना, बैंकों में अधिक से अधिक रुपए जमा करना मात्र ही जीवन का उद्देश्य नहीं होना चाहिए। हालाँकि यह कहना पूर्णतया सही नहीं होगा की इन सब चीजों का हमारे जीवन पर बिल्कुल प्रभाव नहीं पड़ता है परंतु हमारे पास देखने के लिए सूर्योदय है, खाने के लिए स्वादिष्ट व्यंजन हैं, पढ़ने के लिए सर्वोत्कृष्ट किताबें हैं, साझा करने के लिए ज्ञान है, करुणा दिखाने के लिए हृदय है, मिलने और बुलाने के लिए मित्र हैं और प्रेम करने के लिए परिवार है। कभी-कभी, कप पर जरूरत से ज्यादा ध्यानाकर्षण हमें ईश्वर प्रदत्त कॉफी (जीवन) के मजे लेने से वंचित कर देता है। खुशनसीब से खुशनसीब को भी सब कुछ नसीब नहीं होता। परंतु, शायद वे खुशकिस्मत इसलिए कहलाते हैं क्योंकि वे प्राप्त चीजों का सर्वोत्तम प्रयोग करना जानते हैं।

ईश्वर हमें जीवनरूपी कॉफी देता है। कप नहीं देता। हमें कप की परवाह किए बिना कॉफी के मजे लेने चाहिए।

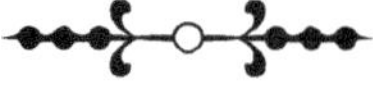

52

सफलता का सबसे बड़ा मंत्र

एक नदी के किनारे पाँच मेंढ़क एक बड़ी चट्टान पर बैठे हुए हैं। इनमें से एक मेंढ़क कूद जाने का निश्चय करता है। बताइए अब कितने मेंढ़क उस चट्टान पर बच गए?

चार! नहीं... गलत। निश्चय करना कार्य को अंजाम देना नहीं है। कोई सा भी कार्य करने के बारे में सोचना, उसकी इच्छा करना और उसका निर्णय कर लेने का भी मतलब यह कदापि नहीं निकाला जा सकता कि कार्य पूरा हो गया।

उपलब्धियों और सफलताओं के इस दौर में कार्य ही हमेशा सबसे महत्त्वपूर्ण रहेगा।

जरा अध्याय 8 को याद कीजिए। गिलास खाली है या भरा हुआ इस प्रश्न के उत्तर में बच्ची ने क्या कहा था? इस पुस्तक में प्रेरणा लेने लायक बहुत कुछ है। उन प्रेरणाओं से प्राप्त आत्मविश्वास से हम अपनी जोरदार उपस्थिति दर्ज कर सकते हैं। पहाड़-से-दिखने वाले लक्ष्य को हम प्राप्त कर सकते हैं और इस पूरे विश्व को बेहतर बनाने में योगदान भी दे सकते हैं। लेकिन प्रेरणा लेना कुछ और बात है और उन प्रेरणाओं का उपयोग कर कुछ कर दिखाना कुछ और बात। जब तक आप खुद पहल न करें छोटी-से-छोटी चीजें भी हासिल नहीं हो सकती। उन्नति सबसे बड़ी प्रेरणास्रोत होती है और उन्नति कार्य का ही प्रतिफल होती है, न कि सोच विचार और निर्णयों का। क्रियाशीलता ही सफलता की चाबी होती है। निम्नलिखित पंक्तियाँ आपको अपने कर्तव्य पथ पर दृढ़ रहने और निरंतर कार्य करने के लिए प्रेरित करती रहेगी।

यदि आप निर्धन हैं– **काम कीजिए।**

यदि आप धनी हैं– **काम करना बंद मत कीजिए।**

आप पर अनुचित उत्तरदायित्व है यदि आपका यह मानना है– **काम कीजिए।**

यदि आप प्रसन्न हैं– **बस काम करते रहिए।**

अकर्मण्यता से संदेह और भय पैदा होता है।

यदि कभी निराशा हो, तो कृपया–**अपना काम जारी रखिए।**

यदि आपको स्वास्थ्य संबंधी चिंता सता रही है– **काम कीजिए।**

यदि आपका विश्वास और भरोसा डगमगा रहा है– **काम कीजिए।**

यदि आपको लगता है कि आपके ऊपर संकट आ गया है– **काम कीजिए।**

यदि सचमुच में आप पर संकट आ गया है– **काम कीजिए।**

चाहे किसी भी तरह की परेशानी या समस्या हो– **काम कीजिए।**

विश्वास, समर्पण और निष्ठा के साथ–**अपना काम जारी रखिये।**

प्रेम, विश्वास और धैर्य के साथ काम कीजिए।

काम करते रहना ही किसी भी तरह के मानसिक और शारीरिक कष्ट का उपाय है। कार्य ही सफलता की असली कुँजी है।

–अज्ञात

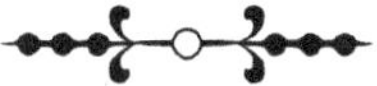

धन्यवाद, आपका जीवन सफल और सुखद बना रहे।

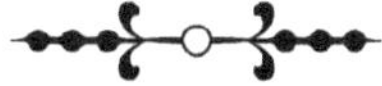